verlag im bücherzentrum

Raimon Weber,

geboren 1961 in Unna, zählt zu den erfolgreichsten Hörspiel- und Krimiautoren Deutschlands.
Seit 10 Jahren veröffentlicht er im UNNA-MAGAZIN seine Monatskolumnen zu lebenswichtigen Themen wie George Bush, Fettabsaugen und tödlichen Hülsenfrüchten.
Aus diesem Anlass präsentiert »*Wer wringt denn da die Katze aus?*« noch einmal eine Auswahl der interessantesten, amüsantesten und provokantesten Beiträge, die auch nach Jahren nichts von ihrer Bissfestigkeit verloren haben.
Weber wundert sich über Astrologen-Beratung per Mattscheibe, entwirft die ultimative Action-Serie für RTL (mit ganz vielen Explosionen, Flammenwerfer und Dirk Bach als mutiertes Riesenkrokodil) und weiß, dass 38 % der Deutschen komplizierten Stellungen beim Sex misstrauen. Er stellt den Laubpuster als eine der sinnlosesten Gerätschaften aller Zeiten vor, macht die Deutsche Bahn zu seinem erklärten Erzfeind und erläutert, warum das Verzehren von Huftieren billiger ist, als sie zu reiten.

Raimon Weber

Wer wringt denn da die Katze aus?

Kolumnen 1998 - 2008

ViB
verlag im bücherzentrum

Von Raimon Weber sind
bisher erschienen:

Die Nuss im Ohr des Präsidenten

Wir waren unsterblich

Wozu wir fähig waren

Eis bricht

Druck: Zimmermann, Balve

Layout: Wandschneider&Bartsch Kommunikationsberatung

Titelgestaltung: Tim Wandschneider

Herausgeber: Wandschneider&Bartsch Kommunikationsberatung
www.die-agentur.com

Unna 2008

ISBN-10: 3-9809261-4-1

ISBN-13: 978-3-9809261-4-0

Inhalt:

Über die Welt der Medien:

Die IQ-Verbrennungsanlage

Neues über die IQ-Verbrennungsanlage in Ihrem Wohnzimmer

Oktober 2005

Laut einer neuen Studie des Kriminologischen Forschungsinstituts Niedersachsen macht Fernsehen dumm.

Ach, ehrlich?

Für mich war diese Aussage in etwa so überraschend wie die Tatsache, dass Schnaps betrunken macht. Den Erwachsenen, die ihren Zeitplan nach Debilen-TV wie Britt („Schwanger – Ich lasse es trotzdem krachen!") oder Richterin Barbara Salesch („Warum hat Gordon den übergewichtigen Jürgen auf grausame Weise ermordet?") ausrichten, ist leider kaum noch zu helfen.

Es gilt aber den Nachwuchs zu retten.

Der hockt den halben Tag vor Animationsserien, deren Handlungsstränge von einer Amöbe ersonnen sein müssen. Bei jeder Folge von Yu-Gi-Oh! verdampfen bei den Kindern wertvolle Intelligenzquotienten. Das geht dann so weit, dass sie später um psychologische Hilfe bei Frau Kallwass von SAT 1 ersuchen und Neun Live für einen Bildungssender halten.

Und es kommt noch schlimmer! Das Fazit der oben genannten Studie: Ein Übermaß an Medienkonsum macht nicht nur dumm, sondern auch – Achtung! Jetzt! – dick, krank und traurig. Allein die Folgekosten im Gesundheitswesen werden unser Land ruinieren. Dazu passt, dass geplant ist, in Zukunft ganze Sendungen von Firmen finanzieren zu lassen. Vielleicht was mit Superhelden, die dank der Kraft, die ihnen die Hamburger einer Fastfood-Kette verleihen, jeden Bösewicht zur Strecke bringen. Die Industrie bietet dazu das hoch auflösende Fernsehen HDTV an. Zitat: „HDTV zeichnet sich durch die doppelte Auflösung in horizontaler und vertikaler Richtung gegenüber dem herkömmlichen Fernsehbild aus. Die Bildqualität ist wesentlich brillanter und detaillierter."

Wofür denn? Auch wenn ich den Fernsehmüll detaillierter sehen kann, wird der dadurch nicht erträglicher. Es sei denn, man ist daran interessiert, optischen Aufschluss über das aktuelle Lifting von Sabine Christiansen zu erhalten. Das Gegenteil zu HDTV ist dann das Handy mit Fernsehempfang. Auf dem winzigen Bildschirm werden Sie zwar Probleme haben zu erkennen, ob da gerade Godzilla eine Stadt zertrampelt oder Dirk Bach ein Wettkotzen moderiert, aber das ist letztendlich eine Gnade. Übrigens: Toll ist bestimmt auch Fußball auf dem Handymonitor. „Ja, wo laufen sie denn?"

Bleibt zum Schluss noch eine Rechnung, die ich immer wieder gern aufstelle. Wenn Sie bei RTL mal „Harry Potter und der Stein der Weisen" gesehen haben, haute man Ihnen dabei 42 Minuten Werbung um die Ohren. Wenn Sie sich für „Mission: Impossible" bei PRO 7 entschieden haben, waren es „nur" 34 Minuten. Seien wir gnädig und nehmen die 34 Minuten in meine Rechnung auf. Wer also pro Tag einen Film bei den Privaten einschaltet, verliert etwa 34 Minuten. Das sind im Jahr 12 410 Minuten. Die durchschnittliche Lebenserwartung liegt in Deutschland bei knapp 80 Jahren. Da der Nachwuchs zum Teil aber dick, dumm, krank und traurig wird, steht da ein Einbruch bevor. Bleiben wir aber zunächst bei 80 Jahren. Wer seit seinem fünften Lebensjahr vor der Flimmerkiste hockt und sich vor ARTE oder dem WDR fürchtet, glotzt in 75 Jahren 930 750 Minuten Werbung für Rasenkantentrimmer und Tütensuppen. Der Zuschauer verbringt also 1 Jahr und mehr als 9 Monate damit, darauf zu warten, dass der Film weiterläuft. Und denken Sie daran: Das gilt für das Konsumieren eines einzigen Films. Wenn noch diverse Gerichtsshows und „Vera am Mittag" hinzukommen, ist das Leben ruck, zuck weggeschmissen. Wenn Sie jemanden kennen sollten, der so sein Dasein fristet, führen Sie ihn sofort zum nächsten Fenster, denn da draußen wartet eine ganze, vor allem echte Welt. Und die ist gar nicht so übel.

Astrologen-Beratung per Mattscheibe oder „Ich sehe hier einen blonden Mann liegen."

Juni 2007

Es gibt ein Jubiläum zu feiern, einen weiteren Triumph von Geschäftemachern über den gesunden Menschenverstand:

Vor 3 Jahren startete Deutschlands erster digitaler Sender für Astrologie und Esoterik: Astro TV.

Schamanen, Kartenleger und Wasserleser sitzen rund um die Uhr im Studio und versuchen in bester Teleshopping-Manier ein Maximum an Anrufern in das Callcenter der Astro TV-Zentrale zu lotsen. Mindestens 49 Cent kostet ein Anruf, offensiv wird für das gebührenfreie erste Beratungsgespräch geworben. In der Hoffnung, der neu gewonnene Kunde ruft wieder an und zahlt sich zukünftig dumm und dämlich. Und glauben Sie mir, davon gibt es genug. Denn sonst wäre das Wahrsager-Programm schon längst nicht mehr auf Sendung. Obendrein steigen auch andere Sender im Nachtprogramm auf Sterndeutung um. Das Geschäft mit Glaskugel und Tarot-Karten läuft glänzend. Um sich beispielsweise bei Astro TV „Experte" nennen zu dürfen, müssen mindestens sechs Monate gewerbliche Tätigkeit als „Lebensberater(?)" nachgewiesen werden. Doch Astrologe ist kein geschützter Begriff, jeder darf sich so nennen. Eine einheitliche Ausbildung gibt es nicht. Also wird wohl Kaffeesatz-Lesen auf dem Letmather Rummelplatz ausreichen. Die Astro-Präsentatoren glänzen dementsprechend vielfach durch wunderbar dilettantisches Auftreten. Sie sind es, die den genervten Zapper oft unweigerlich und kopfschüttelnd beim Astrologen-TV verweilen lassen. Wir erleben munter plappernde Damen: Eine wissensdurstige Anruferin möchte wissen, ob sie den Mann ihrer Träume bekommt. „Ich sehe hier einen blonden

Mann liegen", sagt die Hellseherin nach fröhlichem Kartenmischen. Eigentlich sei er schwarzhaarig, erklingt es aus dem Off. „Ach ja, der Schwarzhaarige liegt hier unten", entgegnet die Astrologiekundige.

Ansonsten wird auch gern mal anhand einer qualmenden Kerze über die Zukunft gebrabbelt.

Aber hier noch ein Gespräch mit der Kartenlege-Fachfrau.

Kartenlegerin: „Hallo, mit wem spreche ich?"

Silke: „Ich bin die Silke."

Kartenlegerin: „Hallo Schatz, wie kann ich Dir helfen?"

Silke fragt nun mit unverkennbar verzweifelter Stimme:

„Wie geht es in meiner Beziehung weiter?"

Die Kartenlegerin fängt sofort mit dem Mischen der Karten an, beschwört gleichzeitig Silke in diesem Moment um Himmels Willen nichts zu überkreuzen und ihr ein „Stopp" zu geben.

Silke: „STOPP!"

Frau Wahrsagerin legt die Karten aus, erkennt an der bösen Kreuz 7 sofort die Problematik:

„Ihr habt Probleme."

Silke: „Ja."

Woher konnte sie das nur wissen? Die Expertin fummelt an den Karten herum und setzt noch einen drauf:

„Wer ist denn die andere Frau da im Hintergrund?"

Silke: „Es gibt keine andere Frau."

Das weiß die Expertin allerdings besser und bringt es Silke mit gedämpfter Stimme schonend bei: „Da ist jemand, der sich für deinen Mann interessiert. Sie tritt noch nicht in den Vordergrund."

Silke hörbar irritiert: „Wir sind nicht verheiratet."

Kartenlegerin: „Ich sehe eure Hochzeit aber im Deck. Sobald sich dein Zukünftiger von der Nebenbuhlerin frei gemacht hat, habt ihr freie Bahn."

Silke: „Kenne ich sie?“

Kartenlegerin: „Sie hat brünette Haare und ist tagsüber in der Nähe deines Freundes. Hat er eine Sekretärin?“

Silke: „Mein Freund ist arbeitslos.“

Kartenlegerin: „Ich meine die Zeit vor seiner Arbeitslosigkeit. Hat er im Büro gearbeitet?“

Silke: „Ja!“

Geht doch! Die Astrologin hat freie Bahn und fragt süffisant: „Gab es da nicht diese Brünette?“

Silke: „Es gab da mal eine blonde Frau, die halbtags ausgeholfen hat.“

Kartenlegerin: „Die sehe ich hier. Es sind gefärbte Haare. Sie macht Probleme. Sei vorsichtig!“

Silke stammelt: „Ist das wirklich so? Ich meine, es ...“
Es ertönt ein Gong und die Expertin bittet um Verständnis dafür, dass die Zeit abgelaufen ist.

Es ist anzunehmen, dass da ein ahnungsloser Mann ein ziemliches Problem bekommt und Silke garantiert – gegen Geld – weitere Details aus dem imaginären Liebesleben ihres Partners erfahren möchte und wird. Wenn sie dann noch Bares übrig hat, kann sie sich im Internet-Shop des Senders vielleicht noch den Kupferkristall-Zauberstab für 34.95 € bestellen. Zitat: „Viele kleine Kristallsplitter im Innern des Kupferstabs verursachen bei Bewegung ein mystisches Rauschen.“

Natürlich könnte sie auch einfach eine leere Nivea-Dose mit Kieselsteinen füllen und damit rappeln.

Wenn Ihnen das alles noch nicht abgedreht oder soll ich sagen „mystisch“ genug ist, rate ich Ihnen zum aktuellen Programm des ch.falk-verlags. Bei dem dreht sich alles um die verstorbene Prinzessin Diana.

Ich zitiere die Original-Werbung zum Buch „Ich möchte euch so gerne noch etwas sagen“:

„Zum 10. Jahrestag ihres Überwechselns in eine andere

Dimension möchten wir an einen kostbaren Schatz erinnern, den wir in unserem Verlagshaus haben. Es ist das authentische Vermächtnis der Princess of Wales, das sie kurz nach ihrem Tode übermittelt hat."

Da geht noch was! Mal sehen, ob dieser Verlag nicht demnächst mit einem brandneuen Thriller von Goethe oder den ganz, ganz echten Hitler-Tagebüchern auftrumpft. Man muss halt nur den richtigen Draht haben.

Baller! Bumm! Crash!

April 2006

Sie kennen das Problem: Über Kabel oder Satellit empfangen Sie 155 Fernsehsender und doch läuft überall nur Müll. Hirngepiercte Knallchargen blamieren sich bei Richterin Salesch, schmalzige Telenovelas verstopfen Ihnen den Verstand und garantiert kullern immer irgendwo Dirk Bach und Hella von Sinnen feixend durch die Kulissen.

Wer da nicht freiwillig seine Fernbedienung im Garten vergräbt und sich dem richtigen Leben zuwendet, sollte doch zumindest vom lästigen Herumzappen erlöst werden.

Wie? Ganz einfach! Es muss eine Serie kreiert werden, die alle Attribute des Privatfernsehens in sich vereinigt und die Erwartungshaltung – Explosionen! Viele Explosionen! – des geneigten Stammpublikums voll und ganz befriedigt. Wie wichtig Autos dabei sind, die natürlich auch ganz, ganz oft in die Luft fliegen müssen, zeigt der Erfolg der RTL-Serie „Alarm für Cobra 11“. In 154 Folgen wurden 3 080 Autos geschrottet. Das sind 20 Fahrzeuge pro Folge. Darauf sind die Macher stolz und wir wissen, wie man heute Qualität messen kann.

Aber die ultimative Serie sollte ja nicht nur Tiefergelegte ansprechen, daher brauchen wir weitere Elemente.

Mein vorläufiger Entwurf zur Pilotfolge: Die wunderschöne, aber uneheliche Tochter Rebecca (Yvonne Catterfield) des Grafen von Ludenburg (Dirk Bach), der ein weltweites Drogenkartell leitet und in seiner Freizeit Singvögel jagt, verliebt sich in den unbestechlichen Autobahnpolizisten Benni (Hugo Egon Balder). Polizist Benni durchbricht mit seinem Dienst-Porsche den Elektrozaun des Internats, in dem Rebecca von der ebenso fiesen wie einäugigen Mätresse des Grafen (Hella von Sinnen) gefangen gehalten wird. Natürlich explodiert der Porsche und die

Verliebten müssen die Flucht in einem romantischen Fesselballon fortsetzen. Bedauerlicherweise eröffnet Benni seiner Angebeteten erst jetzt, dass er aufgrund einer seltenen Blutkrankheit, die er sich einst als Söldner in Zentralafrika zugezogen hat, nur noch wenige Wochen zu leben hat. Es sei denn, sie finden den Heiligen Gral. Bei einer Rast in einem geheimnisvollen, nebelverhangenen China-Restaurant im Todessumpf von Paderborn begegnen sie nach einem halbstündigen Schusswechsel mit den Schergen des Grafen von Ludenburg dem Topagenten des Vatikans: Bruder Lucas (Jürgen von der Lippe) und seinem tapsigen und außerirdischen Gehilfen Hein (Jürgen Drews). Bruder Lucas verspricht, gerührt von Rebeccas Anmut, den Liebenden bei der Suche nach dem Gral behilflich zu sein. Als sie das Restaurant nach einem spektakulären und allen Gesetzen der Schwerkraft trotzenden Kung Fu-Kampf mit dem chinesischen Oberkellner (Friedrich Merz in seiner ersten Fernsehrolle) verlassen, stellen sie fest, dass der Fesselballon in der Zwischenzeit explodiert ist. Heikel wird es, als ausgerechnet in dieser Notlage ein mutiertes Riesenkrokodil (auch Dirk Bach) angreift und den Gehilfen Hein teilweise verspeist. Doch der Agent des Vatikans ist vorbereitet und hebt keck sein Mönchsgewand, unter dem ein Flammenwerfer auf seinen Einsatz wartet. Das dreiste Reptil explodiert. Bester Laune besteigt das siegreiche Quartett einen bereitstehenden Maserati und rast der aufgehenden Sonne entgegen. Doch sie ahnen nicht, dass sich im Kofferraum des Maseratis ein atomarer Sprengsatz und ein zentnerschweres Ei des Mutantenkrokodils befinden. Letzte Großaufnahme: Der Zeitzünder tickt und im Ei bilden sich erste Risse. Tentakel bewegen sich zitternd hinter der halbtransparenten Schale. Das Böse (als singender Gaststar David Hasselhoff) bahnt sich unaufhaltsam seinen Weg in unsere Welt ...

Rebecca stellt derweil fest, dass sie ihr Diamantendiadem (Erinnerung an die verstorbene Mama!) verloren hat und weint bitterlich, ohne dass ihr Make-up verläuft. So macht Fernsehen Spaß! Fehlt noch ein Titel für die Blockbuster-Serie. Wie wäre es mit „Rebecca – Wege zum Glück"? Ach nee, so was Ähnliches gibt es ja schon. Beim ZDF.

Von Nachbarn & Mitmenschen:

Der Blockwart

Wie gut, dass unser Bäcker nicht an der Börse notiert ist

Mai 2007

Es soll ja Leute geben, die mit jauchzender Begeisterung einen Ausflug zu einem der riesigen Einkaufszentren außerhalb der Städte machen, um dort einen Tag zwischen Regalen und Wühltischen mit Turnschuhen, Handys und Frikadellen in Plastikverpackung zu verbringen.

Man ist der Meinung, dort auf jeden Fall extrem billig einkaufen zu können.

Selbst wenn die Büchse Hundefutter dort tatsächlich mal fünf Cent günstiger sein sollte als beim Laden daheim um die Ecke, beziehen die Käufer natürlich nicht Fahrtkosten, Zeitvergeudung und den Verlust an Lebensqualität mit ein, den das ganze Gedrängel in Mief und Neonlicht mit sich bringt.

Die Folgen dieser Auswärtsflucht beim Einkauf sind zunehmende Verwaisung der Städte und der Verlust von hochwertigen Arbeits- und Ausbildungsplätzen in alteingesessenen Fachgeschäften.

Wer überwiegend auf der fälschlicherweise so genannten Grünen Wiese oder beim Discounter kauft, darf sich dann bitte nicht darüber beschweren, dass er beim letzten Spaziergang in der Fußgängerzone nur noch Handyshops und 1€- Resterampen mit einem Sortiment aus bunten Fähnchen, Radiergummis und der Sehkraft abträglichen Sonnenbrillen entdeckt hat.

Kaufen Sie bewusst ein. Mit allen Sinnen. Lassen Sie sich beim Bäcker über die Vielfalt deutscher Backkunst beraten, schnüffeln Sie bei Gärtner und Floristen an den Blüten und gönnen sich anschließend beim Weinfachhändler einen gepflegten Roten statt der Kiste Billigfusel Marke „Dicke Birne“ beim Discounter.

Selbstverständlich wäre es unsinnig zu behaupten, Billigketten würden nur Müll anbieten, aber vielleicht verstehen Sie, worauf ich hinaus will: Wir – der Kunde und der Händler vor Ort – sitzen in einem Boot. Uns ist gemeinsam daran gelegen, dass unsere Stadt lebenswert bleibt. Das betrifft die Erhaltung historischer und sehenswürdiger Bausubstanz, die Schaffung von Arbeitsplätzen vor der Haustür und ein kommunikatives Miteinander bis hin zur Unterstützung von Kultur.

Wo bekommen Sie die Bratwurst fürs Vereinsfest in bester Qualität und zum Freundschaftspreis? Wer kann in letzter Minute helfen, wenn trotz penibelster Planung doch noch etwas für die Hochzeitsfete vergessen wurde? Ihr Nachbar, der nicht selten seinen Laden schon in der dritten oder vierten Generation führt.

Außerdem bevorzuge ich es, wenn eben möglich, meinen täglichen Bedarf bei Betrieben zu decken, die mehr Ehrgeiz auf Qualität und Service legen, als auf ihren Aktienkurs. Hohe Gewinnausschüttung an Aktionäre geschieht zumeist nicht aufgrund moralischer Geschäftsführung, sondern geht mit Sparen, Rationalisieren, Entlassen einher.

Steht Ihnen der Sinn nach Megakonzernen, die nach vollzogenem Verdrängungswettbewerb die Preise nach Gutdünken diktieren und das Personal drangsalieren? Erinnern wir uns an US-Konzerne, die versuchten auch in ihren deutschen Filialen die Angestellten bis in die Intimsphäre zu bespitzeln.

Es liegt an jedem von uns, solche Dinge zu verhindern und dabei unsere Städte attraktiv zu erhalten. Das fängt an beim Kauf von Brot, Hose und Glühlampe.
Vertrauen Sie lieber Ihrem Nachbarn als einem globalen und gesichtslosen Konzern.

Das ist dann wirklich viel geiler als Geiz!

Die Deutschen geben gern Auskunft, aber 38 % lehnen sicherheitshalber komplizierte Stellungen beim Sex ab

Mai 2005

Im Mai sind Landtagswahlen. Das bedeutet Hochkonjunktur für Meinungsinstitute. Die meisten Deutschen lassen sich gern und ausführlich zu ihrer politischen Gesinnung befragen. Ein Zeichen für eine gewachsene Demokratie. Kürzlich wurde ich von einer freundlichen Dame angerufen. Für ihr Meinungsinstitut sollte ich verschiedene Politiker bewerten. Auf einer Skala von 1 bis 6. Wobei – anders als in der Schule – die 1 ganz mies ist. Interessant ist es, dass man die professionellen Fragesteller niemals aus der Ruhe bringen kann. Selbst nicht, wenn man darauf besteht, einige Damen und Herren mit einer fetten Null zu versehen.

Es gibt übrigens sogar eine aktuelle Umfrage zum Thema: Was sagt die Auto-Marke über die politische Einstellung des Fahrers? Danach wählt jeder zweite Citroen-Fahrer SPD, während die überwiegende Mehrheit der Audi, BMW, Mercedes und Toyota-Fahrer der CDU vertraut. VW und Ford sind ausgewogen. Den höchsten PDS-Anteil verzeichnet Fiat mit immerhin 8 %. Skoda scheint das Image eines Notvehikels aus dem Ostblock endgültig abgelegt zu haben. Denn diese Marke verzeichnet mit 13 % den höchsten FDP-Anteil. Erstaunlich, da sich Vertreter dieser Partei wie Westerwelle oder Kubicki nicht gerade durch Understatement auszeichnen. Grünen-Wähler mögen es hingegen französisch. Deren Lieblinge: Peugeot und Renault.

Nicht nur, dass wir Deutschen sehr auskunftsfreudig sind, nein, wir scheinen dabei auch noch ehrlich zu antworten. Wie könnte es sonst geschehen, dass wir in der internationalen Sex-Bestenliste nur auf Platz 29 landen? Gefragt wurde nach der Häufigkeit des überaus angenehmen Geschlechtsverkehrs. Durchschnittlich wird der in Deutschland pro Nase 98-mal im Jahr ausgeführt. Der Franzose treibt es 137-mal und führt damit vor Serben und Griechen die Potenz-Charts an. Vielleicht sind das aber auch nur Angeber. Obwohl: Auch bei uns gibt es doch sicher jede Menge Jungs mit dicken Buchsen, die dem Interviewer „Zig mal am Tag!“ oder „Eben erst und gleich wieder!“ ins Mikro bellen. Ein heikles, aber interessantes Thema. Wollen Sie weitere Details? Klar!

Jeder dritte Bayer glaubt, bei Frauen gut anzukommen. Aber nur jeder fünfte Sachse. Dafür zählt für 17, 4 % der Bajuwaren nur das Aussehen einer Frau. „Alles andere ist nicht so wichtig!“ Und 34 % meinen sogar, dass sich Frauen zu wichtig nehmen. Merkwürdiges Bayernland.

94 % der Deutschen bevorzugen Sex im Bett, wobei der Ostdeutsche auch mal gern in den Wald geht. Also Obacht beim Wanderurlaub in Thüringen.

31 % der Männer und 42 % der Frauen fordern weniger Sex im Fernsehen. Der Sex würde unrealistisch dargestellt. Darunter leidet das Selbstbewusstsein des Betrachters. Die wären in den Filmen alle nur schön und megapotent. Kopf hoch! Die mogeln doch. Alles Zeitraffertechnik und Computersimulation.

Außerdem hilft es schon, RTL 2 zu löschen und DSF nach Mitternacht zu meiden.

Außerdem: Nur 29 % der Frauen finden es schockierend, wenn der Partner mal im Bett versagt.

Wir geben so gern Auskunft, dass selbst eine Umfrage bezüglich des Gebrauchs von Toilettenpapier (Falten Sie das Klopapier oder knüllen Sie es zusammen?) von Erfolg gekrönt war. Das Ergebnis ist mir allerdings abhanden gekommen. Nur bei der Nachfrage der nächtlichen Polizeistreife „Haben Sie Alkohol getrunken?“ sucht der deutsche Autofahrer gern mal nach Ausflüchten.

Oder können Sie sich eine ehrliche Antwort wie „Fuffzehn Pils und jede Menge Kurze, Herr Schaffner!“ vorstellen?

Obacht! Ich mache mich jetzt unbeliebt!

August 2004

Es ist nämlich so: Wenn morgens der Regen an mein Fenster klatscht, hebt das augenblicklich meine Laune. Ich weiß, dass ich mich nun möglicherweise für Stunden ungestört meiner Arbeit widmen kann. Denn das miese Wetter hält gewisse Mitmenschen davon ab, die Gegend mit Lärm zu überziehen. Benzinrasenmäher und Kantenschneider bleiben in der Garage, Motorsägen verschonen Bäume und Hecken.

Doch wehe, die Wolkendecke lichtet sich. Wie auf ein geheimes Kommando kommt das gesamte Arsenal merkwürdigster Apparaturen zum flächendeckenden Einsatz. Ganz oben in der Hitliste nervtötender Gerätschaften steht der gemeine Häcksler. Es knirscht, raspelt und kreischt, als würde direkt hinter meinem Schreibtisch Marmor zurecht geschnitten.

Gleich hinter dem Häcksler folgt der Hochdruckstrahler. Nicht nur, dass die Benutzer einen halben Tag benötigen, um eine wenige Meter lange Einfahrt von mikroskopisch kleinem Mossbewuchs zu befreien und dabei ein Geräusch verursachen, das an einen übergroßen Zahnarztbohrer erinnert, nein, es werden auch noch Unmengen von Trinkwasser vergeudet.

Aber jetzt kommt das absolut Merkwürdigste aller Männerspielzeuge: der Laubpuster.

Als ich zum ersten Mal ein solches Ding im Einsatz erlebte, hielt ich es für einen zu groß geratenen Staubsauger, der das Blattwerk in seinem Beutel auffängt. Aber nein, weit gefehlt, es pustet die Blätter nur vor sich her. Mit etwas Geschick, viel Krawall und Zeitverschwendung kann man so kleine Haufen bilden. Dass die vom nächsten Luftzug wieder in alle Himmelsrichtungen verteilt werden, scheint keine Rolle zu spielen.

Was kommt als Nächstes? Ein infernalisches Rüttelsieb zum Polieren von Kieselsteinen? Der Vertikutierer mit Sportauspuff?

Lärm ist auch eine Form der Umweltverschmutzung. Diese Erkenntnis kann man nicht von Halbwüchsigen erwarten, die Motorroller benutzen, deren Geräuschpegel und Höchstgeschwindigkeit in krassem Gegensatz zueinander stehen.

Ich kenne das – Räusper! – aus meiner eigenen Jugend. Aber es ist schon zum Verzweifeln, wenn Zeitgenossen, die der Pubertät längst entwachsen sein sollten, selbst beim Tanken an der Zapfsäule ihre dumpfen Beats aus heruntergelassenen Seitenscheiben scheppern lassen.

Wie kann ein Erwachsener eine derartige Belästigung für selbstverständlich halten? Will man mich damit beglücken? Oder ist das eine Art animalisches Brunftgehabe? (ICH KANN LAUTER!!!)

Unsere Weltraumsonden fotografieren die Saturnringe, Wissenschaftler fummeln am genetischen Code von Tomaten und Primaten, aber niemand ist in der Lage, leise Gartengeräte zu konstruieren. Sollte das jemals einem schlauen Kopf gelingen, verdient er einen Nobelpreis. Mindestens.

Aber vielleicht verkauft sich ein Turbo(!)trimmer mit Schalldämpfer auch schlechter.

Brmmm! Brmmm!

Ich nehme noch eine Kiste Mett und vier Handys

März 2007

Werbung im Fernsehen und im Rundfunk nervt. Aber es gibt eine Werbekampagne, bei der meine Hand reflexartig zum Ausschaltknopf schnellt. Sie alle kennen den Slogan: GEIZ IST GEIL!

Eine Frau in merkwürdig utopischer Kluft keift uns diese Botschaft entgegen. Ihr Ziel ist es, uns zum massenhaften Kauf von angeblich supergünstigen Elektroartikeln zu verleiten.

Dabei hat der Kunde angesichts der Vielfalt von Produkten nicht wirklich den Preis einer bestimmten Ware im Kopf. Es wird ihm suggeriert, nur eine große Kette hätte diesen unglaublichen Schnäppchenpreis. Wer da noch zum Fachhändler geht, muss bescheuert sein, weil der doch angeblich viel teurer sei.

Dazu das passende Zitat einer weiteren Kette: ICH BIN DOCH NICHT BLÖD!

Dabei ist Geiz im höchsten Maße unerotisch, und blöd ist jener Konsument, der auf platte Werbesprüche reinfällt. Ich habe es ausprobiert: Hochwertige Produkte, egal aus welchem Bereich, erhalten Sie im Fachhandel zu gleichwertigen, manchmal sogar günstigeren Konditionen. Hinzu kommt ein wesentlich besserer Service. Und der hört nicht an der Kasse auf.

Macht es Spaß, durch voll gestopfte Konsumlager getrieben zu werden? Auf der Pirsch nach Personal, das ohnehin keine Zeit für die Käufermassen hat. Was ist, wenn es daheim Probleme mit der Handhabung gibt, weil Sie nicht über das Wissen eines Computerprogrammierers verfügen? Der Fachhändler Ihres Vertrauens weiß Rat.

Natürlich bekommen Sie beim Billiganbieter mal einen DVD-Player für 15.99, das Schnitzel für ein paar Cent und das T-Shirt (garantiert von pakistanischen Kinderhänden gefärbt) für einen Euro.

Allerdings dürfen Sie sich dann nicht wundern, dass die Elektronik binnen kürzester Zeit die ersten Aussetzer hat und in den Nachrichten Berge von Gammelfleisch auftauchen, von denen Sie Ihr Kilo Gehacktes schon längst intus haben. Kaufen Sie mit Verstand. Lieber zweimal in der Woche kontrolliertes Fleisch vom verantwortungsbewussten Metzgermeister als täglichen Ekel. Lieber langlebige Markenkleidung als mit Schadstoffen angereicherte Wegwerffetzen aus Sklavenfabriken.

Aber zu viele Verbraucher wollen es einfach sau...sau... saubillig, statt auf Qualität zu achten. So sehen sich Produzenten, Zulieferer und Großhandel einem ruinösen Preiswettbewerb ausgesetzt. Deutsche Lieferanten werden zu extremen Nachlässen gezwungen. Die Folgen sind Qualitätsprobleme durch Spardruck, Rationalisierungsmaßnahmen mit Stellenabbau und am Ende Insolvenzen oder Übernahmen durch Weltkonzerne, denen am jeweiligen Standort so viel liegt wie an einem Furunkel.

Wem das alles zu weit weg ist, der soll einfach mal durch unsere Innenstädte bummeln. Entweder stehen ehemalige Traditionsgeschäfte leer oder sie sind von Resterampen oder Handyanbietern besetzt. (Wie viele Telefone braucht dieses Land noch?)

Dämliche Werbesprüche schonen nicht unsere Geldbörsen, sondern spiegeln nur eine ungesunde wirtschaftliche, soziale und auch private Ellenbogenmentalität wieder, die unserer Gesellschaft schadet.

Nachbar Blockwart

Mai 2001

Knapp hundert Meter Luftlinie von mir entfernt wohnt ein seltsamer Mann. Sein Haus befindet sich in einer Nebenstraße, die in einen Hauptverkehrsweg mündet. Ich komme dort mindestens einmal am Tag vorbei. Ein Verkehrsschild zeigt an, dass ich in die Hauptstraße nur rechts einbiegen darf. Nie links. Verboten!

Kein Problem. Ich muss immer nach rechts, in Richtung Kreisstadt. In neun von zehn Fällen werde ich dabei von dem seltsamen, grundsätzlich schlecht gelaunten Mann kontrolliert. Er trägt einen grauen Kittel, verharrt bewegungslos vor seiner Grundstücksauffahrt und nur sein Blick folgt meinem vorbeifahrenden Kombi. Dabei verengen sich seine Augen zu Schlitzen und die Furchen links und rechts seiner Mundwinkel vertiefen sich.

Was geschieht wohl, wenn ich einmal verkehrswidrig links abbiege? Informiert er umgehend die Polizei? Oder schießt er mir gar in die Heckklappe. Dieses Rätsel verlangte nach Aufklärung.

Eines Morgens – Graukittel war auf Posten – hielt ich vor dem Schild mit dem Rechtsabbiegerpfeil an und – Aufgepasst! – setzte den Blinker nach links.

Ich wartete und verfolgte die Reaktion des selbst ernannten Ordnungshüters im Rückspiegel. Fröhlich blinkte das grüne Lämpchen zwischen meinen Armaturen, während hinter mir das Chaos ausbrach.

Zunächst konnte er es nicht fassen. Ein Linksabbieger! In seiner Gegenwart! Die Augen wurden riesig, der Mund öffnete sich zu einem Schrei des Entsetzens. Mit Verzögerung vernahm ich ein sirenenartig anschwellendes „Heeeeeey!!!“. Die Arme fuchtelten und drohten, der Rest des Mannes vibrierte angesichts meiner Schreckenstat unkontrolliert auf der Stelle.

Ich ließ das Ganze noch einige Sekunden lang wirken, wandte mich um, lächelte freundlich, blinkte rechts und bog vorschriftsmäßig ab.

Ich schätze, der Nachbar wird wochenlang von nichts anderem mehr reden können. Wenn ich jetzt an dem Abbiege-Kontrolleur vorbeifahre, winke ich ihm jedes Mal zu. Er hasst das! Leider kann er mich nicht beim Ortsgruppenleiter denunzieren.

Apropos! Letztens las ich in einer sonst respektablen Tageszeitung einen mehr als ärgerlichen Kommentar. Der Verfasser fand es durchaus vorteilhaft, dass die Karlsruher Verfassungsrichter den Rechtsextremisten Demonstrationsrecht zugestehen.

Zitat: „...denn es zeigt den Neonazis die Stärke der liberalen Gesellschaftsordnung. Sie übt sich nicht in der Rolle des oberlehrerhaften Tugendwächters, der wild um sich schlägt und alles sprachregeln will, sondern kann sich Vielfalt leisten und lebt vom Austausch der Argumente."

Die Vielfalt von Holocaust-Verleugnern und prügelnden Rassisten? Soweit, so Aua! Und viel Vergnügen beim Austausch schlagkräftiger Argumente!

Da kann man nur noch Hitlers Propagandaminister Goebbels zitieren: „Es wird wohl immer einer der besten Witze der Demokratie bleiben, dass sie ihren Todfeinden die Mittel selber stellte, durch die sie vernichtet wurde."

Von schmierigen Witwenbetrügern und kreativen Mitmenschen

Juni 2005

Wir sind verunsichert. Zu Recht! Wenn amerikanische Investoren wirtschaftlich gesunde Firmen in Deutschland übernehmen, um diese dann aus aggressiver Gewinnsucht zu ruinieren, ist das in meinen Augen mehr als nur unmoralisch. Wenn Politiker mehr Eigeninitiative und Selbstverantwortung einfordern, sind das gute Gründe, um sich als Normalsterblicher Sorgen zu machen. Das bedeutet nämlich nichts anderes, als dass Leute mit kleinem oder gar keinem Einkommen zur Not auch in einem Pappkarton Quartier beziehen können und bald Zahnbehandlungen eigenhändig mit der Rohrzange auszuführen haben.

Dabei zeigen viele Menschen bereits Wagemut und Kreativität, indem sie sich in den Nischen, die für sie verbleiben, selbstständig machen. An jeder Straßenecke öffnet ein Kiosk. Wir sind umgeben von Läden, die abgelegte Kleidung und gebrauchte Elektroartikel anbieten. Kürzlich bot mir ein Brötchen-Bringdienst seine Dienste an. Doch die wenigsten dieser Geschäftsideen überstehen das erste Halbjahr. Dennoch habe ich Respekt für diese Versuche, selbst etwas auf die Beine zu stellen.

Bei einigen unserer Mitmenschen treibt die Kreativität allerdings seltsame Blüten, wenn es darum geht, den Unwissenden und Gutgläubigen das Geld aus der Tasche zu ziehen. Ein junger Mann eröffnete mir, dass er ein Patentrezept zum Reichwerden besitzt. Auf hartnäckiges Nachfragen erläuterte er es mir: Er setzt eine Anzeige in die Zeitung. Wortlaut: „Wollen Sie reich werden ohne Risiko? Dann schicken Sie 5 € und Ihre Adresse an folgendes Postfach ..."

Die Absender erhalten prompt folgende Antwort:

„Machen Sie es wie ich!"

Dreist, aber mit einem gewissen Charme.

Schamlos ist allerdings folgendes Vorgehen eines Mannes aus unserer Region, auf das ich aufmerksam gemacht wurde. Der Bursche studierte jeden Morgen die Todesanzeigen in den Zeitungen. Ihn interessierten vor allem jene mit Formulierungen wie „In Gedenken an meinen lieben Mann."

Wenn anhand des Geburtsdatums die Vermutung nahe lag, dass der Tote eine Witwe fortgeschrittenen Alters hinterlassen hatte, erhielt die arme Frau Post. Und zwar von einem fingierten Pornoversand, der behauptete, dass der Gatte noch eine dicke Rechnung zu begleichen habe. Zum Beispiel für das Sortiment Luxusmagazine Robby Braun – der schwedische Deckhengst plus Porto und Mahngebühr. Die entsetzten Witwen zahlten prompt. Aus Sorge um das Ansehen ihres Mannes. Außerdem... es hätte ja sein können, dass der Hubert vielleicht doch...

Interessant ist es, wie diese Schweinerei aufflog: Unser dreister Witwenbetrüger schickte eine Rechnung über Nackedeiheftchen und diverse Videos an eine Frau, deren verstorbener Ehemann seit Jahren blind gewesen war.

Über den miesen Abzocker habe ich daraufhin einen Krimi in MORD AM HELLWEG geschrieben. Darin ist er noch fieser und fetter als in Wirklichkeit und watet knietief durchs Blut. Das hat er nun davon.

Politik:

Das bisschen Haue

Astrid Lindgren über Ruten, Steine und Staatsmänner

Oktober 2001

In diesen Zeiten ist es mehr als schwierig eine Kolumne zu schreiben, die ganze vier Wochen lang akzeptiert werden kann. Deshalb möchte ich an dieser Stelle Platz machen für eine Frau, deren Worte immer währende Gültigkeit besitzen: Astrid Lindgren.

Die folgende Rede hielt die Autorin anlässlich der Verleihung des Friedenspreises des Deutschen Buchhandels. Der Kinderschutzbund wirbt damit zu Recht für eine gewaltfreie Erziehung. Gehen wir noch einen Schritt weiter und betrachten Frau Lindgrens Worte als einen Appell an die Menschlichkeit. Und an die Vernunft.

Astrid Lindgren: „Jetzt werde ich eine kleine Geschichte erzählen. Eine alte Dame erzählte sie mir, und ich habe sie niemals vergessen:

Ich war jung zu jener Zeit, als fast alle Kinder oft geschlagen wurden. Man hielt es für nötig, sie zu schlagen, denn sie sollten artig und gehorsam werden. Alle Mütter und Väter sollten ihre Kinder schlagen, sobald sie etwas getan hatten, von dem Mütter und Väter meinten, dass Kinder es nicht tun sollten. Mein kleiner Junge, Johan, war ein artiger und fröhlicher kleiner Kerl, und ich wollte ihn nicht schlagen. Aber eines Tages kam die Nachbarin zu mir herein und sagte, Johan sei in ihrem Erdbeerbeet gewesen und habe Erdbeeren geklaut, und bekäme er jetzt nicht seine Schläge, würde er wohl ein Dieb bleiben, sein Leben lang. Mit Müttern ist es nun einmal so, dass ihnen Angst und Bange wird, wenn jemand kommt und sich über ihre Kinder beschwert. Und ich dachte: Vielleicht hat sie recht, jetzt muss ich Johan wohl eine Tracht Prügel verpassen. Johan saß da und spielte mit seinen Bausteinen –

er war ja erst fünf Jahre alt –, als ich kam und sagte, dass er nun Prügel bekäme, und dass er selbst hinaus gehen sollte, um eine Rute abzuschneiden. Johan weinte, als er ging. Ich saß in der Küche und wartete. Es dauerte lange, bis er kam, und weinen tat er noch immer, als er zur Tür hereinschlich. Aber eine Rute hatte er keine bei sich. „Mama", sagte er schluchzend. „Ich konnte keine Rute finden, aber hier hast du einen Stein, den du auf mich werfen kannst!"

Er reichte mir einen Stein, den größten, der in seiner kleinen Hand Platz fand. Da begann auch ich zu weinen, denn ich verstand auf einmal, was er sich gedacht hatte: Meine Mama will mir also weh tun, und das kann sie noch besser mit einem Stein. Ich schämte mich. Und ich nahm ihn in die Arme, wir weinten beide, so viel wir konnten, und ich dachte bei mir, dass ich niemals, niemals mein Kind schlagen würde. Und damit ich es ja nicht vergessen würde, nahm ich den Stein und legte ihn in ein Küchenregal, wo ich ihn jeden Tag sehen konnte, und da lag er so lange, bis Johan groß war.

Ein Dieb wurde keiner aus ihm. Das hätte ich gerne meiner Nachbarin erzählen mögen, aber sie war schon lange fortgezogen.

Ja, so sprach die alte Dame, die mir alles erzählte, als ich noch sehr jung war. Und ich weiß noch, dass ich mir dachte: Ich werde meine Kinder auch nicht schlagen, sollte ich welche bekommen. Ich bekam zwei Kinder und ich schlug sie niemals. Trotzdem wurden gute Menschen aus ihnen. Und auch sie schlagen ihre Kinder nicht.

Warum erzähle ich das alles? Es sollte ja vom Frieden die Rede sein. Ich glaube, das tut es auch. Immer noch gibt es viele Mütter und Väter auf der Welt, die ihre Kinder schlagen und glauben, das sei gut. Sie meinen, Kinder würden artig und gehorsam durch Schläge. Aber stattdessen werden sie zu solchen Menschen, die gerne selber andere schlagen und weiter damit machen, wenn sie groß sind. Denn wie sollte einer, der sich als Kind an die Gewalt gewöhnt hat, zu einem friedlichen Menschen heranwachsen?

Und wie soll es Frieden geben in der Welt, wenn es keine friedfertigen Menschen gibt? Zu Hause, in den Wohnungen, da muss der Friede beginnen. Ich glaube, es wäre gut, wenn ein Stein in den Küchenregalen läge, fast überall auf der Welt, als Erinnerung: Schluss mit der Gewalt!

Ich kenne eine Menge Staatsmänner und Politiker, die einen solchen Stein auf dem Küchenregal haben sollten. Aber dann würden sie vielleicht bloß die Steine nehmen und hinausgehen und einander die Schädel damit einschlagen.

Denn glaubt man an Gewalt, dann handelt man auch so!"

Die 3 Gründe für den Krieg: Öl! Öl! Öl!

Februar 2003

Saddam Hussein ist ein skrupelloser Diktator. In seinem Land genügt ein Wort der Kritik, um für immer zu verschwinden. Ethnische und religiöse Minderheiten werden unterdrückt. Auf Homosexualität steht die Todesstrafe. Natürlich ist ein solches Regime ganz wild auf Massenvernichtungsmittel. Es überfällt auch gern Nachbarstaaten. Zudem sind Politiker, die mit der Uniform auch noch ins Bett zu steigen scheinen und allerorts ihr Konterfei in Häuserblockgröße aufhängen lassen, mehr als suspekt.

Das Problem ist nur: Auf der Welt existiert eine ganze Reihe von solchen unangenehmen Zeitgenossen. Ihre Schergen massakrieren in Afrika ganze Stämme. Sie basteln begeistert an Atomwaffen, während das eigene Volk versucht, sich von Wurzeln und Gräsern zu ernähren. Sie degradieren Frauen zu Sklavinnen und schicken Kinder an die Front. Sie baden in Geld, das aus Drogenhandel und Waffenschieberei stammt.

Sie alle gehen ungestört ihrem widerlichen Handwerk nach. Werden sie deshalb vom Weltpolizisten USA zur Rechenschaft gezogen?

Nein. Es sei denn, sie stören die Kreise der Großmacht. Oder ihre Länder verfügen über Bodenschätze wie der Irak. Dann kann über Nacht aus einem gehätschelten Verbündeten ein Schurkenstaat werden.

Unvergessen bleiben die Bilder, auf denen der heutige US-Verteidigungsminister Rumsfeld einem grinsenden Saddam Hussein die Hand schüttelt. Im Gepäck hatte Rumsfeld modernes Kriegsgerät für den Kampf gegen Khomeinis Iran. Nicht, dass sich Saddam seitdem geändert hat. Ach was! Schon damals herrschte in seinem Land Terror gegen das eigene Volk. Außerdem war er – genau wie später gegen Kuwait – der Aggressor.

Die US-Regierungen waren nie zimperlich bei der Auswahl ihrer Freunde. Der Zweck heiligt die Mittel. Gern bringt der CIA gefügigen Terroristen das lautlose Töten von Bauern per Drahtschlinge bei. So geschehen in Afrika und natürlich Nicaragua. Immer geht es nur um das Sichern der eigenen Machtinteressen. Und im Irak geht es um jene Macht, die unsere Zivilisation am Leben erhält: Erdöl.

(Warum sollte man auch die Entwicklung alternativer Energien vorantreiben oder zumindest den Verbrauch senken? Schließlich haben die Ölmultis Bush nicht nur aus Nächstenliebe den Wahlkampf finanziert.)

Der Irak hat riesige Erdölressourcen. Über die will man verfügen. Nur darum geht es. Menschenrechte und Demokratie? Nur vorgeschoben. Kampf gegen den internationalen Terrorismus? Ein Angriff auf den Irak wird den Terrorismus in ungeahntem Maße anheizen und die Teilung der Welt vorantreiben.

Hallo Welt! Liebe Grüße aus Deutschland!

März 2003

Fragt man in anderen Ländern nach, was die dortige Bevölkerung von uns Deutschen hält, so läuft das zumeist auf folgendes Ergebnis hinaus: Wir sind fleißig, (zu) pünktlich, gehen zum Lachen in den Kohlenkeller, quengeln gern über uns selbst, bauen solide Autos und kennen uns ganz prima mit Bier aus.

Abgesehen vom Letztgenannten sind das nicht gerade ideale Voraussetzungen, um auf die nächste Sause eingeladen zu werden. Man könnte meinen, wir wandeln noch immer grummelnd durch finstere Eichenwälder und hören dabei wahlweise und ergriffen Ernst Mosch oder Richard Wagner.

Achten Sie mal bitte darauf, wie das deutsche Alltagsleben in amerikanischen Spionagefilmen nachgestellt wird: Laute, rotwangige Männer in Trachtenanzügen stemmen Maßkrüge und Haxen; bedient von voluminösen Walküren in Dirndln. Im Hintergrund haut sich ein debiler Schuhplattler-Schrat stundenlang die Schenkel wund. Irgendwann drängt sich ein Bösewicht mit Narbe auf der Wange (schlagende Burschenschaft!) im Gestapo-Mantel durch die krakeelende Menge. Bereit, einen Verräter mit der Giftspritze um die Ecke zu bringen.

Letztens zappte ich in einen US-Film, der in Ost-Berlin zu Honeckers Zeiten spielen sollte. Die NVA fuhr Geländemotorräder von Honda, während SED-Bonzen im alten Benz (Typ 230) durch eine Lebkuchenhäuschen-Kulisse kutschiert wurden.

Sie sehen: Da herrscht ein klein wenig Nachholbedarf. Die unsägliche Vergangenheit (noch immer marschieren glatz- und hohlköpfige Neonazis unter Polizeischutz durch unsere Städte), ein hohes Potential an Selbstmitleid („Was soll ich bloß tun? Wegen der Rezession muss der elektrische Rolladenheber bis nächstes Jahr warten!") und Volkssport Neid („Die Schulzes waren schon wieder auf Kreta! Unsereins rackert sich ab und die machen aus Scheiße Geld!") vergällen uns das Leben. Ich will mich da keinesfalls ausschließen.

Aber endlich haben wir mal einen Grund, uns erhobenen Hauptes und mit einem ehrlich gemeinten Lächeln zu präsentieren: Die Deutschen stemmen sich gegen einen Krieg. Ein Land zeigt Courage. Und die Welt stimmt mit ein.

Wenn der Münchener Bürgermeister Udet einem Mister Rumsfeld bei dessen letztem Besuch klarzumachen versucht, wie verheerend sich ein Bombenkrieg auf Städte auswirkt, erfüllt mich das mit Respekt. Und wenn Frau Merkel in der Washington Post behauptet, dass Kanzler Schröder nicht für alle Deutschen spricht, so darf man entgegnen: Aber für fast alle Deutschen!

Wir dürfen auch mal stolz sein. Einen schönen Gruß an die vielen Millionen, die wie wir den Frieden wollen. Hallo, Sydney! Weiter so, Belgier! Durchhalten, Römer!

Überflutet den Irak mit Waffeninspektoren, anstatt die Menschen dort in Blut zu baden. Jedes mit unserer Hilfe getötete Kind macht uns zum Diktator, zum Terroristen.

Hallo Welt! Teil 2

April 2003

Ich bereite mich in Diskussionen immer dann vorsichtshalber auf das Schlimmste vor, wenn der Andere von sich behauptet, in Gottes Auftrag zu handeln, möglicherweise in der letzten Nacht eine Vision hatte oder gleich über eine Durchwahl in den Himmel verfügt.

Denn Achtung! Hier verabschieden sich gleich Logik und Toleranz.

Saddam Hussein behauptet selbstredend, dass Allah ihm zum Sieg über die Ungläubigen verhilft. Aber auch George Bush sieht sich von Gott legitimiert. Da werden die Scheuklappen aufgesetzt und alle Gegenstimmen im Keim erstickt. Oder doch zumindest unter Druck gesetzt und beleidigt. Länder wie Chile oder Angola werden es noch empfindlich zu spüren bekommen, dass sie es gewagt haben, sich im UN-Sicherheitsrat gegen einen Angriffskrieg auszusprechen.

Entwicklungshilfe? Streichen!

Wirtschaftsaufträge? No!

Was für ein Bild wirft es auf die USA, wenn deren betuchte Bürger mit Schlips und Kragen grölend französischen Rotwein in den Gully schütten! Wenn aus dem Weißen Haus dringt, der deutsche Kanzler müsse gedemütigt werden. Und wenn der EU-Sitzungssaal von „Unbekannten" verwanzt wird. Wer hat daran wohl ein Interesse?

Die USA und ihre Verbündeten wollen einen zuvor mit Geld und Waffen geschmierten Diktator beseitigen und zerbomben dafür ein Volk. Hinter all den gefälschten Bildern und Berichten, die unseren Medien zugewiesen werden, verbirgt sich ein massenhaftes Sterben. Von Unschuldigen, die das Pech hatten, unter einem Tyrannen wie

Hussein zu leben. Die wahre Zahl der Toten wird wie in den „modernen" Kriegen zuvor verschleiert werden. Die Opfer verpuffen unsichtbar in den grünstichigen Videos der Militärs, die uns darin wieder mal „chirurgisch genaue" Bombentreffer vorgaukeln.

Und unter diesen Bildern zeigen uns die kommerziellen Nachrichtensender permanent den aktuellen Stand der Aktienmärkte an. Am Tod lässt sich sicher noch was verdienen.

Noch heute gebären irakische Frauen missgebildete, lebensunfähige Kinder. Der Grund dafür ist die Verseuchung durch US-Munition mit Uransprengköpfen. Nach dem ersten Feldzug gegen Hussein im Jahre 1991 ließ man den radioaktiven Müll einfach zurück.

Ich wünsche mir, dass Tony Blair, der Spanier Aznar und auch Frau Merkel nicht erst zum US-Präsidenten geeilt wären, um ihm ihre Treue zu bekunden, sondern in Basra mit einer Mutter diskutiert hätten, deren Kind mit außenliegenden Organen auf die Welt kam. Oder mit dem Vater, der zusehen muss, wie seine fünfjährige Tochter an Leukämie stirbt, weil der UN-Boykott die Medikamentenzufuhr unterbindet.

Ein einzelner Sprengkopf der USA kann bis zu 1 Millionen Dollar kosten. Was hätte man mit diesem Geld alles für die Verzweifelten, Kranken und Hungernden in der Welt tun können. Jetzt sät man Hass für Generationen.

Im afrikanischen Liberia – einem immer währenden, vergessenen Schlachtfeld – fragte eine Journalistin einen neunjährigen Jungen: „Wo ist deine Mama?"

Er antwortete: „Sie ist tot."

„Und dein Vater?"

„Der ist auch tot. Alle sind tot."

„Wie alt bist du?"

„Alt genug, um einen Mann zu töten."

Mein Ururgroßvater jagte Dinosaurier!

März 2006

1. Ein Gericht hat einem Stiefvater, der seine minderjährige Tochter zum Sex zwang, mildernde Umstände zuerkannt. Der Grund: Das Opfer war keine Jungfrau mehr. Die Folgen sexueller Gewalt seien daher geringer einzuschätzen, meinten die fünf männlichen Richter der obersten juristischen Instanz der italienischen Hauptstadt Rom.
2. In den USA verstärkt sich der Druck – auch von Seiten der Bush-Regierung – Darwins Evolutionstheorie aus den Lehrplänen der Schulen zu entfernen. Die Hälfte aller US-Bürger hält die Evolution für Unfug und Charles Darwin für einen Scharlatan. Nach Meinung der einflussreichen Bewegung der Kreationisten soll ein Überwesen den Menschen innerhalb eines einzigen Tages geschaffen haben. Auch andere Lebewesen wurden demzufolge in einem atemberaubenden Tempo kreiert. Giraffen und Hamster lebten also gemeinsam mit den Dinosauriern. Selbst der Mensch soll dem Tyrannosaurus Rex über den Weg gelaufen sein, bis die Sünden der Erdbewohner eine Sintflut heraufbeschworen, bei der einige Arten – z.B. Dinosaurier – hinfort gespült wurden. Deren Fossilien sollen dann innerhalb von 4 000 Jahren zu Stein geworden sein. Nach wissenschaftlichen Erkenntnissen dauert eine derartige Versteinerung zwar mindestens 10 000 Jahre, aber von den Fundamentalisten werden die Knochen als Beweis für die Sintflut umfunktioniert. Geologie und Biologie werden ignoriert. Ein haarsträubendes Szenario und eine Entwicklung, die wir hinter uns gelassen glaubten. Unterstützt von Kräften, deren Einfluss direkt in die Regierung der letzten Weltmacht reicht.

Was hat ein zutiefst Frauen verachtender Richterspruch aus Rom mit bizarrer Weltanschauung in den USA zu tun? Beides kann weit reichende Konsequenzen für ein freiheitliches Zusammenleben in unserem Kulturkreis haben. Eine Rückbesinnung auf kleingeistige, intolerante Pseudowerte aus finsterer Zeit. Vor allem zeigen die Beispiele, dass sich der Westen unter der Führung der USA nicht unbegrenzt als Gralshüter von Demokratie und Meinungsfreiheit aufführen kann und mit einer Mischung aus Verachtung und Furcht auf den Islam deutet.

Intoleranz und Verblendung infiltrieren nahezu alle Kulturen und Religionen. Auch unsere.

Als neue Folterbilder aus dem US-Militärgefängnis Abu Ghoreib in den Medien auftauchten, bezeichnete die US-Regierung die Veröffentlichung als „unglücklich". Nicht die Gefolterten und Ermordeten sind das eigentliche Problem, sondern, dass dieses Gemetzel immer wieder ans Tageslicht kommt. Kann man denn nirgendwo mehr in aller Ruhe ein paar hundert Leute quälen?

Bush und jene, die ihn lenken, haben einen Flächenbrand gelegt, den sie nicht mehr zu löschen wissen. Auf ihre Fahnen haben sie Demokratie, Glaube und Menschenrechte geschrieben, ihr Ansinnen aber ist absolute Kontrolle über die Ressourcen der Welt. Irrglauben und bewusst geschürte Verdummung sind dabei extrem hilfreich.

Zum Schluss ein Original-Werbespruch: „Das neue Handyspiel von MTV! Steig mit Flippy in den Hubschrauber und richte so viel Schaden wie möglich an."

Guten Rutsch, Laurenz!

Januar 2005

Was haben viele nicht immer zittern müssen, wenn der CDU-General Laurenz Meyer seine Thesen zur Rettung der deutschen Wirtschaft in die Mikrophone wetterte: z.B. Abbau des Kündigungsschutzes für Arbeitnehmer.

Laurenz hatte gut reden, denn selbst wenn es für ihn in der Union mal nicht mehr so toll laufen würde, hielt man ihm bei der RWE (und bestimmt nicht nur dort!) allemal ein gut gepolstertes Plätzchen frei. Der Energiekonzern gab ihm ja reichlich Knete, ohne dass er dafür richtig arbeiten musste. Abfindung nennt man so etwas in diesen Kreisen. Ist branchenüblich. Ist legal. Hat auch nichts mit Leistung zu tun. Denken Sie nur an Manager, die ganze Konzerne samt Belegschaft vor die Wand fahren. Die schwimmen danach in Geld. Ein Mittelständler wäre dann einfach nur ruiniert.

Auch klar, dass ein Unternehmen wie RWE das Geld nicht nur aus Nächstenliebe an Meyer zahlte. Eine Hand wäscht die andere. Es werden Gegenleistungen gefordert. Lobbyismus nennt man das. Da sitzen Leute in hohen Parteiämtern oder zumindest im Bundestag und hocken gleichzeitig in zahllosen Aufsichtsräten. Nicht, dass sie deshalb ihre politische Arbeit vernachlässigen müssten. Ach was! Ein Aufsichtsratsposten ist selten zeitintensiv, aber umso lukrativer. Man muss den Zahlenden nur ein paar Gefälligkeiten erweisen.

Laurenz Meyer gab kund, dass ihm mit Blick auf die Probleme vieler Menschen in diesen Tagen bewusst geworden wäre, dass er das RWE-Geld vielleicht hätte besser nicht annehmen sollen. Diese Einsicht kam ihm natürlich nur unter dem Druck der Öffentlichkeit und seiner Partei. Mit so einem ist schlecht Wahlkampf zu machen. Dass er ankündigte, einen Teil der Summe an SOS-Kinderdörfer zu spenden, sicherte ihm seinen Posten auch nicht mehr. Mit so viel Scheinheiligkeit rettet niemand seinen Hintern. Die Knete sollte er aber auf jeden Fall herausrücken. Denn – egal was kommt – einen Laurenz Meyer werden wir nie beim Sozialamt antreffen. Deshalb: Her mit seinem Geld für Waisenkinder!

Schlimm ist, dass Politiker wie Meyer und Konsorten nicht realisieren, wie sehr sie mit ihrer Raffmentalität das Vertrauen der Menschen in unseren Staat erschüttern. Da hockt man über seiner Steuererklärung, sichtet brav Quittungen und kommt sich gedemütigt vor – wie ein Volltrottel – während sich all die Meyers im eleganten Zweireiher gegenseitig die Konten füllen.

Ihre Kollegen in allen Parteien, die ihre Ämter mit weniger egozentrischem Ansinnen ausüben, sollten die Raffkes schleunigst hinaustreiben. Sonst wird die Berufsbezeichnung „Politiker“ endgültig in das Vokabular der Fäkalsprache abrutschen. Wäre schade um jene, die Respekt verdienen. Die gibt es nämlich auch. Nur krähen die zumeist nicht so vorlaut und verlogen.

Mr. President kennt sich aus

August 2003

Die Gesundheitsreform bewegt die Gemüter. Schaut man im Lexikon unter Reform nach, so steht dort verbessernde Umgestaltung oder planmäßige Neugestaltung. Wir wissen aber aus Erfahrung, dass häufig Letzteres dabei herauskommt. Doch wie gering erscheinen die eigenen Sorgen, wenn man auf die USA blickt. Dort kommentiert Präsident Bush dasselbe Thema mit dem Spruch: „Gesunde Kinder brauchen keine Krankenversicherung."

Ein Beweis, dass selbst nur rudimentär vorhandene Intelligenz keine Voraussetzung für höchste politische Ämter ist. Stellen Sie sich einmal vor, unser Kanzler würde seine Kompetenz in Wirtschaftsfragen wie folgt begründen: „Ich verstehe etwas vom Wachstum kleiner Betriebe. Ich war selber einer."

Zum Glück stammt dieses Zitat nicht von Schröder, sondern – Na klar! – von George Bush. Den tieferen Sinn all seines Handelns fasst der Präsident so zusammen: „Nun, ich glaube, wenn du sagst, du machst etwas und machst es nicht, das ist Glaubwürdigkeit."

Aha! Alles klar!

Bush verteilte kürzlich US-Freiheitsmedaillen. Eine erhielt der Schauspieler (Planet der Affen) und Waffenlobbyist Charlton Heston. Er war seit Jahren Vorsitzender der National Rifle Association. Die NRA ist mit fast 4 Millionen Mitgliedern der maßgebliche Schusswaffen-Fanclub der USA und finanziert abgesehen von Bushs Wahlkampf, auch das „Eddie Eagle Gun Safe Program", das Schulkindern den „sicheren" Umgang mit Knarren näher bringt.

Charlton Heston kam als Vorzeigefigur die Aufgabe zu, gegen alle zu hetzen, die sich gegen einen unkontrollierten Waffenbesitz aussprachen. Obwohl jeden Tag in den USA durchschnittlich 13 Kinder erschossen werden.

Auch dafür erhielt Heston die Freiheitsmedaille, oder? Genau wie der Physiker Edward Teller, der 1951 die ultimative Massenvernichtungswaffe erfand: die Wasserstoffbombe. Während sich Kollegen wie Oppenheimer nach den Atombombenabwürfen auf Hiroshima und Nagasaki entsetzt abwandten, legte Teller erst mal richtig los. Seine Wasserstoffbombe macht noch viel mehr Bumm! und kann gleich ganze Länder samt Bevölkerung verdampfen.

Herzlichen Glückwunsch!

Ich hätte gern Präsident Bushs Rede zur Würdigung von Edward Tellers Lebenswerk gehört.

„Vor uns steht ein Mann, der immer nur das Gute wollte und dem seine Arbeit viel Spaß bereitete. Die Welt wäre ärmer ohne ihn..."

Das bisschen Haue

Juli 2004

Ein guter Gradmesser für die Prioritäten in unserem Land – sprich, was die Leute zu interessieren hat, ist die Reihenfolge der Meldungen in den Nachrichtensendungen von Funk und Fernsehen. Tagelang belegte die Postbank-Aktie mit ihrem (Vorsicht! Schlimme Worthülse) „Sprung auf das Börsenparkett" zumindest Rang 2. Also weit vor den Katastrophen und Massenmorden in aller Welt. Wen interessieren Massaker an Frauen und Kindern am Hindukusch? Oder die Hungersnot im Sudan?

Da hofft selbst der Kleinaktionär auf den großen Gewinn. Dabei sollte er berücksichtigen, dass die Börse nicht dazu da ist, das Konto der Normalsterblichen zu füllen. Oder glaubt jemand, dass Dax, TecDax oder Dow Jones die Weltbevölkerung satt und glücklich machen werden?

Apropos Katastrophen und Massenmord: US-Verteidigungsminister Rumsfeld musste zugeben, im Irak „verschärfte" Verhörmethoden angeordnet zu haben. Also ein paar Hunde auf hilflose Gefangene hetzen, ein bisschen Haue, hier und da Genitalien unter Strom setzen.

Präsident Bush hingegen betonte treuherzig, er habe niemals Folterungen erlaubt oder auch nur geduldet. Daraus ergeben sich zwei Möglichkeiten:

1. Er ist wie so viele in dem Metier ein dreister Lügner.
2. Er weiß wirklich von rein gar nichts, brabbelt Vorgefertigtes aus fremder Feder und Finsterlinge aus Militär und Wirtschaft haben das Sagen.

Selbstverständlich geht auch beides.

Einen haben wir noch: Sind Sie zur Europawahl gegangen? Nein? Zugegeben, kaum ein namhafter Politiker hat im Vorfeld etwas Wesentliches zur Motivation der Wähler getan. Man prügelt sich lieber untereinander. Allerdings sollte bedacht werden, dass eine Wahlbeteiligung von ca. 40 % (Tendenz fallend) die Sonstigen vielerorts zur drittstärksten Kraft gemacht hat.

Christliche Fundamentalisten, Anhänger von bizarren Verschwörungstheorien und Leute mit der Reichskriegsflagge über dem Bett fühlen sich erleuchtet oder berufen. Die rennen sogar alle zur Wahlurne. Das wird garantiert ziemlich unlustig, wenn man denen durch Nichtstun zuarbeitet. Damit appelliere ich natürlich nicht nur an die Nichtwähler, sondern vor allem an die maßgeblichen Politiker. Sonst taucht auf einmal wieder die PARTEI DER MÜNDIGEN BÜRGER aus der Versenkung auf und macht Ernst. Die wollten im Europawahlkampf 1989 „Heimatlose" in der Mitte von Australien ansiedeln. Weil da genügend Platz wäre.

Ob die Mündigen Bürger wohl wussten, dass die Mitte des fünften Kontinents aus Hitze, Sand, Geröll und noch mehr Hitze besteht?

Ich denke schon.

Ehe wir das vergessen, Frau Bundeskanzler!

August 2005

Wenn bei einem Bombenattentat oder bei einer Schießerei im Irak – sagen wir mal – 30 Menschen ermordet werden, so ist das der Presse nur noch einen Vierzeiler wert. In den Fernsehnachrichten finden die Opfer zumeist keine Erwähnung mehr. Das Sterben im Irak ist Routine geworden.

Einer der vorgeschobenen Gründe für den Angriffskrieg war die Demokratisierung des Irak. Gebracht hat der stattdessen Chaos und Tod. Seit zweieinhalb Jahren halten die Amerikaner und ihre verbliebenen Gehilfen das Land besetzt und haben das Elend, das unter dem Diktator Hussein herrschte, sogar vervielfacht. Der Irak wird zu einem Massenfriedhof. Verschiedenen Studien zufolge sind seit dem Einmarsch mehrere Zehntausend oder auch Hunderttausende ums Leben gekommen. Es handelte sich dabei überwiegend um unbeteiligte Zivilisten, die um Brot anstanden oder einfach die Straße überquerten.

Die aktuelle Kanzlerkandidatin der Union bekannte sich im März 2003 – während Streubomben auf Bagdad niedergingen – zum Irak-Krieg. Zuvor verschickte sie an uns – den Bürgern Deutschlands – einen persönlichen Brief mit der Aussage, man müsse an der Seite der USA stehen. Beinahe-Bundespräsidentschaftskandidat Schäuble wollte nach der vollzogenen Einnahme der irakischen Hauptstadt flugs deutsche Soldaten schicken und forderte von den US-kritischen Staaten Europas zuzugeben, dass sie Fehler gemacht haben.

Im Gegensatz zu seinen Parteikollegen prognostizierte der langjährige CDU-Bundestagsabgeordnete Jürgen Todenhöfer bereits zwei Monate vor Kriegsbeginn, was wir zu erwarten hatten: „Mit Krieg jagt man keine Terroristen, das ist ein dummer Gedanke. Im Gegenteil: 30 Tage Bomben auf den Irak provozieren 30 Jahre weiteren Terrorismus. Ein Krieg wäre die Bestätigung für Fundamentalisten, dass der Westen unmoralisch handelt, den Islam mit anderen Maßstäben misst, ihn weiter demütigt und dass der Westen deshalb bekämpft werden muss."

Frau Merkel hatte leider nicht zugehört und reiste stattdessen zum Kotau nach Washington.

Heute wird der Krieg tatsächlich in die europäischen Metropolen getragen. Wir erstarren vor den unschuldigen Opfern in Madrid oder London und müssten doch auch angesichts der Getöteten im Irak, von denen die überwiegende Mehrheit nur ein Leben in Frieden und Freiheit führen wollte, ganze Tage oder gar Wochen des Schweigens einlegen.

Es war richtig, dass die Bundesregierung sich weigerte, Deutsche in einen Krieg zu schicken, in dem es in erster Linie um die Sicherung der Erdölressourcen ging.

Ihnen ist sicher bekannt, dass US-Präsident Bush in der Ölbranche aktiv war und Unternehmen wie Exxon seinen Wahlkampf mit Dollarmillionen finanzierten. Was seinen Vize Dick Cheney angeht: Der war bis 2000 Chef eines Öl-Dienstleisters. Außenministerin Rice saß im Aufsichtsrat von Chevron. Die haben aus Dank sogar einen Tanker nach ihr benannt.

PS:
Vielleicht versehen entsprechende Kreise in Deutschland ein AKW mit dem Namen ANGELA.

Frau Merkel trifft Dr. Mabuse

Dezember 2005

Man kann von Angela Merkel viel oder gar nichts halten, aber neidisch muss niemand auf die neue Kanzlerin sein. Ihr Job wird die Hölle auf Erden. Es beginnt schon mit den Glückwünschen aus aller Welt zu ihrem Amtsantritt. Washington freut sich bereits auf eine intensivere Zusammenarbeit. Bei dem derzeitigen US-Präsidenten und seinen Schergen sollte man das als Drohung verstehen. Wie einen Bruderkuss von Don Corleone, der die Aufforderung beinhaltet, sich seiner „ehrenwerten Gesellschaft", sprich kriminellen Vereinigung, anzuschließen. Unser mächtigster Bündnispartner wird von einem Mann regiert, der seinen Vize Cheney vorschickte, um das staatliche Foltern per Gesetz zu legalisieren. Wenn man das kurz einwirken lässt, erkennt man, dass die USA den Krieg gegen den Terror bereits verloren hat. Wurde in Zeiten des Vietnamkrieges noch eher verbrämt gepeinigt und gemetzelt, will die US-Regierung nun per Gesetz die Menschenrechte abschaffen. Der Weltpolizist möchte im Kampf für sein Demokratieverständnis echten und vermeintlichen Widersachern die Fressen polieren und per Formblatt die Genitalien unter Strom setzen. Experten hat man ja reichlich am Start. Viele Diktaturen gingen beim CIA in die Lehre und lernten dort vom Fachmann, wie man Leute mit wenig Aufwand – vielleicht mit etwas Draht und einer Autobatterie – zum Plaudern bringt.

Klingt nach Dr. Mabuse, ist aber von Bush und Cheney. Foltern per Gesetz haben sich noch nicht einmal die Nordkoreaner getraut, selbst die führen die glühenden Drähte lieber anonym in die Körperöffnungen der Regimekritiker ein.

Noch stieß das Pro Folter-Gesetz auf Ablehnung, aber

allein das Ansinnen der Staatsführung lässt einen schaudern.

Mit solchen Leuten muss sich Frau Merkel treffen! Aber das ist noch längst nicht alles: Die russische Regierung hat die Bundeskanzlerin auch schon eingeladen. Da sollte sie wegen der guten Beziehungen – Gaspipeline! – wie ihr Vorgänger das Thema Tschetschenien besser ausklammern. Wo wir gerade schon beim Thema Energie sind, können wir nur hoffen, dass die Bosse der Ölexportstaaten auf eine Bundeskanzlerin nicht allzu charakteristisch reagieren. Werden doch in vielen dieser Länder Frauen weiterhin wie Nutzvieh gehalten.

Also machen wir Angela nicht zu viele Vorwürfe, wenn sie sich wie ihre Vorgänger im Auftrag der deutschen Wirtschaft hauptsächlich lächelnd auf dem Parkett der Weltpolitik bewegt. Sie kann nicht mehr sein, als ein Spiegelbild des Volkes, das sie zu vertreten hat. Da glauben viele aufgrund der hohen Spritpreise an den Weltuntergang, lassen gleichzeitig vorm Bäcker den Motor im Stand blubbern und kaufen sich Geländewagen von der Größe eines Appartements, als läge NRW in Zentralafrika und verfüge nur über Dschungelpisten. Oder bejammern den Verfall des Mittelstands und das Ausbluten der Innenstädte, während sie in Geiz ist geil-Manier Staatsgrenzen überfahren, um Elektromüll zu ergattern oder beim Pfund Kaffee 10 Cent zu sparen.

Ignorieren Sie nicht einfach den Einzelhändler in Ihrer Nachbarschaft. Der lässt mit sich reden, ist bei gleichwertigen Produkten meistens gar nicht teurer als die aufdringlichen Werbekrakeeler und bietet den besseren Service. Ich hab es ausprobiert.

Es ist in der Politik wie beim Fußball: Jeder weiß es besser als der Trainer. Es muss gespart werden und die da vorne und die hinter mir sollen sich gefälligst einschränken.

Aber wehe, es geht an die eigene Wurstpelle. Hilfe! Kreisch!!! Mein dreizehntes Monatsgehalt! Schweinestaat! Die Regierung muss sein wie die Mehrheit des Volkes, sonst wird sie abgewählt.

Angela Merkel ist nicht zu beneiden. Möchten Sie so einen Job machen? Nee danke! Und dann noch ein munteres Schwätzchen mit Dr. Mabuse im Weißen Haus über Prügeltherapien und Gehirnwäsche an Querulanten... Ist das ekelig.

Wer brav ist, kriegt eine Möhre

Oktober 2007

Neulich fiel mir ein Foto in einer Tageszeitung auf. Es war untertitelt: Gern im Mittelpunkt: Irans Präsident Ahmadinedschad beim Eintrag ins Gästebuch der Vereinten Nationen.

Ich sah aber nur einen recht bescheiden gekleideten Mann, der eine Unterschrift leistete. Weder trug er ein Pfauenkostüm, noch bleckte er in diesem Moment die Zähne und erstarrte in bizarrer Herrscherpose. (Kinn in die Höhe gereckt und die Ärmchen in die Hüften gestemmt.) Identische Fotos wie das vom iranischen Oberboss bei der UN habe ich bereits von Angela Merkel, Tony Blair und allen möglichen Politikern gesehen. Die wurden bei einer Unterschrift ins Gästebuch der Vereinten Nationen allerdings nie als geltungssüchtig bezeichnet. Hier beginnt Manipulation.

Nun ist Ahmadinedschad wahrlich kein Sympathieträger, schließlich werden in seinem Staat Andersgläubige und Andersdenkende verfolgt und drakonisch bestraft. Es heißt, sein Regime unterstütze Terroristen und destabilisiere die Nachbarländer. Zudem will der Iran die Atomenergie nutzen und – so wird unterstellt – die Atombombe bauen. Daher droht der neue französische Präsident mal schnell mit Krieg gegen den Iran. (Ist Sakorzy etwa auch geltungssüchtig?) Die USA drohen sowieso mit allem Möglichen und setzen den Iran auf Platz 1 der Liste der so genannten Schurkenstaaten. Ich zitiere Mr. Lantos, den Chef des Auswärtigen Ausschusses im US-Repräsentantenhaus: „Iran hat die Wahl zwischen einer dicken Möhre und einem sehr harten Stock.“ Daraus könnte man folgern, dass die US-Regierung die Iraner offensichtlich allesamt für Esel hält. Rassismus pur.

Sie merken sicher, worauf ich hinaus will: Es ist die Arroganz der Mächtigen, die andere Länder – übles Regime oder nicht – demütigt, denn sie trifft nicht nur neurotische Herrscher, sondern das ganze Volk wird beleidigt. Und dann fragt sich der Iraner auf der Straße, warum USA, Großbritannien, Pakistan oder Israel über Atomwaffen verfügen können, während das eigene Land gegängelt wird. Verdrängt werden so die berechtigten Sorgen über Kosten und Sinn eines Atomprogramms und nur die Wenigsten sehen Nuklearwaffen als das, was sie wirklich sind: die perverseste Erfindung der Menschheit. Die großen Kulturnationen horten sie in unterirdischen Abschussrampen und lagern sie in U-Booten, anstatt sich von diesem Wahnsinn endlich zu befreien. Welche Wissenschaftler geben sich für solche Projekte her? Berechnen die Wirkung von Sprengköpfen und die sich daraus ergebende Zahl von Opfern und lassen sich so für potentiellen Massenmord bezahlen. Welcher anständige Homo sapiens hockt im Labor und entwickelt biologische Waffen, die wahlweise Milzbrand oder eine mutierte Pest verbreiten und so ganze Völker ausrotten? Ein ekelhafter Menschenschlag, der boykottiert werden sollte oder zumindest zwangsweise sinnvollen Aufgaben zugeführt werden muss.

Wir sind erst frei und Vorbild, wenn wir uns von allen(!) Atomwaffenbefürwortern und ihrem Arsenal befreit haben.

Welt der Medien 2:

Rohdiamanten in Silikonbrüsten

Erst lachen, wenn Jumbo kackt

Juli 2002

Neulich war ich im Kino. Als Jugendlicher freute ich mich immer auf die Vorschau. Man sah die cineastischen Neulinge der kommenden Wochen in stark geraffter Fassung, aber mit allen Höhepunkten (also zumeist Explosionen). Eigentlich hatte man das Wesentliche dann schon mitbekommen.

Doch die aktuelle Vorschau machte mich einen Moment lang sprachlos. „Lustige" Filme – sprich Komödien – überfluten uns gnadenlos. In dem ersten Filmausschnitt entleerte ein Elefant den zentnerschweren Inhalt seines Darms auf den Hauptdarsteller. Kurz danach katapultierte sich ein weiterer Schauspieler(?) kopfüber in den – Pardon! – Arsch eines Nashorns. Im zweiten Film fielen den Leuten immer Kühe auf den Kopf und der dritte verzichtete vor lauter Albernheiten gleich auf eine Handlung.

Womit ich gleich eine Überleitung zum Privatfernsehen habe. Denn mein Kinobesuch stimmte mich ein wenig nachdenklich bezüglich des deutschen Humors dieser Tage. Also zwecks Recherche RTL2 eingeschaltet. Da kippen immer Kleinkinder von der Schaukel und schlagen sich dabei den Schädel ein. Oder Rentner rutschen bei der Waldwanderung im Bach aus. Das Anbrechen der Wirbelsäule hört man dabei nicht, weil die Clips mit pseudolustiger Musik und viel Ploing!, Boing! und Paff! unterlegt werden. Und selbstverständlich mit dem Retortengelächter, das uns seit Jahrzehnten bei US-Serien verfolgt. Sie sollten aber nicht an Ihrer emotionalen Kompetenz zweifeln, wenn Sie selbst noch nie an den vorgegebenen Stellen in das Gelächter einstimmen konnten.

Da glaubte man, notorische Zotenbrüller wie Fips Asmussen („Geht 'ne Blondine mit ihren Möpsen zum

Tierarzt...) oder Ilja Richters „gesungene“ Sketche in seiner DISCO überwunden zu haben, da kommt es im neuen Jahrtausend noch schlimmer.

Heute soll es zum Brüllen komisch sein, wenn Leute mitten in der Nacht aus dem Bett geklingelt werden oder sich auf der Autobahn überschlagen. Siehe Die dümmsten Autofahrer der Welt bei RTL2. Der Sender bringt zudem in Folge Die dümmsten Chefs der Welt, Die dümmsten Verbrecher oder – ultimativ – Das Dümmste der Welt.

Wenn es dann wortwörtlich im Kinderprogramm Ein Po geht auf Sendung heißt, ist dem nichts mehr hinzuzufügen.

Das ist echte Spaßgesellschaft!

Damit Sie aber nicht denken, es gäbe bei uns nichts wirklich Humorvolles mehr, verabschiede ich mich mit einigen BILD-Schlagzeilen aus meiner Sammlung:

HAT GENSCHER NEUE OHREN? *(25.5.90)*

GOTTSCHALK BELEIDIGT DEN DEUTSCHEN SCHÄFER-HUND *(5.4.91)*

FRAU MIT PUTZFIMMEL-GEHIRN OPERIERT *(16.6.83)*

sowie

PENG-UND WEG *(3.4.95)*

Har! Har!

Kolumne für Leute, die bei der Augsburger Puppenkiste nicht an einen schwäbischen Puff denken

Januar 2006

Das Jahr 2005 verabschiedet sich mit diversen Beleidigungen unserer Intelligenz:

Trotz enormer Gewinne, von denen andere Branchen und vor allem Normalsterbliche noch nicht einmal zu träumen wagen, wollen die Energiekonzerne ihre Preise erhöhen. Nachdem Strommasten, die zum Teil noch aus der Vorkriegszeit stammten, unter der Last des Schnees einknickten, als seien sie aus Balsaholz, fragt man sich, was die Konzerne mit der Knete so anfangen. Investitionen in ein sicheres Netz sind wohl nicht so deren Ding. „Huch!", machten die Stromlieferanten. „Es schneit! Damit haben wir im Winter nicht rechnen können." Man wundert sich, wie das von Ländern wie Österreich oder Schweden gehandhabt wird. Da bricht trotz erheblich größerer Schneemengen auch nicht alles zusammen. Was wäre eigentlich gewesen, wenn der Schnee im Münsterland nicht wieder relativ flott geschmolzen wäre? Hätten sich die Leute in die Höhlen ihrer Vorfahren zurückziehen müssen? Jedenfalls haben sogar die Politiker mitbekommen, dass unter solchen Umständen Strompreiserhöhungen nicht wie sonst üblich, einfach durchgewunken werden können. Das macht sich gut in der Presse. Warten Sie aber bitte ab, was von den vollmundigen Versprechen, den Verbraucher zu schützen, übrig bleibt. Schließlich sind da ja noch ein paar gut besoldete Vorstandsposten zu berücksichtigen.

Beinahe hätte ich die Begründung für die Preiserhöhung vergessen: Es gibt keine. Außer, dass man noch mehr Reibach machen will. Dafür sind Monopole doch da.

Die Europäische Kommission beschloss mehr Werbung

im Fernsehprogramm. Einschließlich Product Placement. Das bedeutet für uns, dass wir die Flimmerkiste zukünftig am besten als Beistelltischchen nutzen sollten. Das Privatfernsehen zeigt sich übrigens hoch zufrieden. Denn, so heißt es, ein gutes und anspruchsvolles Programm kann nur mit Mehreinnahmen durch Werbung gewährleistet werden. (???)

Dazu die Inhaltsangabe meiner Fernsehzeitung zu Big Brother – Die Entscheidung: „Nach dem verlorenen Walt-Disney-Match mussten Michelle und Giny Micky-Maus-Ohren tragen. Ob es heute ähnlich lustig zugeht?"

Wenn man glaubt, alles gesehen zu haben, kommt es dann aber doch noch schlimmer. SAT.1 vergewaltigte im Abendprogramm ein Kleinod unserer aller Kindheit: Urmel aus dem Eis.

In banger Erwartung betrachtete ich mit Freunden und Familie dieses, laut SAT.1, Weihnachtshighlight. Schauspieler hoppelten, krochen und grunzten sich in albernen Kostümen durch eine riesige Augsburger Puppenkisten-Kulisse. Einschließlich Plastikfolien-Ozean. Gelächter und Applaus tönten aus der Konserve. Was dabei herauskam, war das Grauen. Der endgültige Ruin deutschen Fernsehhumors. Vergessen Sie alles, was Sie bisher bei den Privaten erlebt haben. Im Vergleich zu dieser Puppenkiste erscheinen Ihnen Pokemon und die Oliver Geissen Show wie Kulturmagazine. Der fette Plüschdrache Urmel wurde natürlich von Dirk Bach dargestellt. Der Mann muss sofort wieder ins Dschungelcamp zurück. Aber diesmal ist er es, der Känguruhoden und Kakerlaken frisst. Auf Lebenszeit! Die verantwortlichen Programmdirektoren haben ihm zu folgen. Und statt Toilettenpapier gibt es Schmirgelpapier. Extrem grobe Körnung.

Einen habe ich noch: Ständig liest man über obskure Sitten in exotischen, zumeist muslimischen Ländern.

Dabei haben unsere US-amerikanischen Freunde auch so einiges zu bieten: In den Zeiten von Aids weigern sich drei der sechs größten TV-Kanäle, Werbespots für Kondome zu senden. Die drei anderen strahlen sie erst nach 22 Uhr aus. Viele Schulen verbieten es, das Wort „Kondom" im Unterricht zu erwähnen. Religiöse Organisationen, die in der HIV-Prävention tätig sind, verbreiten sogar die Falschmeldung, Kondome seien generell durchlässig für Aids-Viren. Propagiert wird an den Schulen stattdessen ein Keuschheits-Programm. 15- bis 19-jährige Amerikanerinnen werden fast zehnmal so häufig schwanger wie Gleichaltrige in der Schweiz oder in den Niederlanden. Und die Bush-Regierung zahlt Entwicklungsgelder bevorzugt nur noch an Dritte-Welt-Länder, die sich brav, sprich keusch ohne Empfängnisverhütung, verhalten.

Religiöser Fanatismus erobert unsere westliche Führungsnation.

Ich wünsche uns und Europa ein gutes, lustvolles und eigenständiges Jahr 2006.

PS: Ein bekannter Satiriker sprach kürzlich folgenden Satz: „Wenn die US-Außenministerin Rice lächelt, sterben kleine Kinder."

Fettabsaugen macht dumm

November 2004

Frauen sehen fern, Männer zappen sich durch die Kanäle. So landete ich neulich bei einem Boulevardmagazin, das sich mit dem Wissensstand junger Menschen im Alter von 18 bis 30 Jahren beschäftigte. In einer Fußgängerzone wurden Stellwände mit den Porträts historischer Persönlichkeiten aufgebaut. Die befragten Passanten aus der Zielgruppe sollten nun kundtun, was die einzelnen Berühmtheiten Wichtiges vollbracht haben. Zu meinem Erstaunen waren die bereits alle mit ihren Namen versehen. Man wollte wohl niemanden überfordern.

Als ich einschaltete, hatte man Erich Honecker bereits abgehakt und wandte sich Nelson Mandela zu.

Passant: „Öh... Mandela... das ist ein berühmter Reggaesänger."

Dann kam Martin Luther King an die Reihe.

Passantin A: „Der hat für den Rassismus gekämpft."

Knapp daneben.

Passantin B: „Der hat doch das Evangelium geschrieben."

Und was fiel einem jungen Mitbürger zu Napoleon ein? „Ich glaube, der hat im Mittelalter gesagt, dass die Erde keine Scheibe ist."

Ich wiederhole: Alle abgebildeten Persönlichkeiten waren mit korrekten Namen versehen. Nun ist es ja äußerst trendy, den Bildungsnotstand anderer Leute vorzuführen. Das tat an dieser Stelle auf gewohnt voyeuristische Weise ausgerechnet einer der nervigsten Privatsender. Also einer der Mitverursacher für professionelle Verblödung. Das dauerhafte Konsumieren dilettantisch nachgestellter Gerichtshows oder Doku-Soaps mit Heimwerkern, die an Dübeln verzweifeln und dann ihren Frauen das Fett absaugen, schafft eben keine Geistesriesen.

Führen die Programmbosse jetzt hämisch ihre eigenen Zuschauer vor? Lassen sie die Sektkorken knallen – angesichts der fortschreitenden Hirnkastration ihrer Kundschaft?

Ein befreundeter Regisseur erzählte mir, dass die Eigenproduktionen der Privatsender im ersten Drittel der Sendezeit keine Nachtaufnahmen oder sonst wie dunkel gehaltene Szenen enthalten dürfen. Laut irgendeiner Erhebung würden viele Leute dann wegschalten und die Werbung für Bier und Toilettenreiniger versäumen. Außerdem müssen die Filmtitel extrem leicht verständlich sein. Ein Titel mit dem Ausdruck Déjà-vu wurde abgelehnt, weil – laut Erhebung – eine Menge Leute damit nichts anzufangen wüssten.

Jetzt wissen Sie, warum der Schrott bei SuperProSat immer Schwanger und missbraucht, Klassenfahrt – Geknutscht wird immer oder Das Monster vom Bodensee heißt. Selbstredend, dass der Inhalt dem Titel angemessen ist. Sie dürfen zwischendurch unbesorgt eine halbe Stunde in die Wanne gehen. Der Handlung des Filmchens können sie anschließend sofort wieder folgen.

Ach ja, wohl um sich sein Publikum selbst züchten zu können, regte der Big Brother-Produzent mal an, dass in seiner Show ein Baby gezeugt, ausgetragen und zur Welt gebracht werden sollte.

Das Schlimmste daran ist allerdings, dass dieses bizarre Anliegen kaum noch jemanden schockiert.

Warum in Zukunft Rohdiamanten nicht mehr in Silikonbrüsten geschmuggelt werden

September 2006

Vieles wird teurer, manches für Menschen ohne Drittwagen und Konten auf den Cayman-Islands unbezahlbar. Ich erinnere mich an eine Rentnerin, die an der Supermarktkasse entsetzt auf ein mickriges Bündel Petersilie starrte, für das man ihr fast 1 Euro abnehmen wollte. „Bald kann ich nicht mehr", meinte die gute Frau. Leider müssen wir essen und trinken, können auch nicht so einfach auf Elektrizität oder Gas verzichten, aber ich habe eine gute Nachricht für uns. Zukünftig können wir uns vor einer neuen Gebühr drücken und dabei noch glücklich werden.

Doch zuvor die Inhaltsangabe einer Folge von „Das Familiengericht" auf RTL vom 22. Juni:

Schlagersänger Charlie Bogatzki streitet sich vor Gericht mit seiner Ehefrau Elke Bogatzki um den gemeinsamen Sohn Fabian, der noch während der Verhandlung entführt wird, um damit Elke zu erpressen. Elkes neuer Freund ist Schönheitschirurg, von dem die Russen Rohdiamanten zurückhaben wollen, die der Arzt für sie schmuggelte, indem er die Diamanten in Silikonimplantaten versteckte, die er wiederum in Elkes Brüste einsetzte.

Wenn Sie glauben, alle Latrinen der Welt zu kennen, schauen Sie mal bei RTL rein.

Die RTL-Senderfamilie teilte mit, als erster der beiden großen Privatfernsehkonzerne, ihre bislang kostenlos über Satellit zu empfangenden Programme voraussichtlich vom ersten Halbjahr 2007 an elektronisch zu verschlüsseln. Die neue Satellitengebühr trifft zunächst die mehr als sechs Millionen Haushalte mit digitalem Empfang per Schüssel. Wer analog empfängt, kann voraussichtlich noch bis 2010 glotzen. Nach Plänen der Bundesländer soll das analoge Fernsehen bis dahin komplett abgeschafft werden. Die Rede ist bei RTL zunächst von einer monatlichen Gebühr von 3,50 Euro. Natürlich benötigt der Zuschauer zukünftig neben dem digitalen Empfänger auch eine Zugangskarte.

Sehen Sie die einmalige Chance? Wir brauchen einfach nicht bezahlen und RTL, RTL2, Super RTL und der restliche Rotz verschwinden auf Nimmerwiedersehen von unserem Fernseher. Danke, RTL! Nie wieder Rohdiamanten in Silikonbrüsten, Oliver Geissen kann uns nicht länger belästigen und der RTL Shop dreht niemandem mehr überflüssigen Mist an. Wir sind frei, frei, frei! Wenn die private Konkurrenz mitzieht, verschwindet auch noch Richterin Salesch. Es gibt keine Gelegenheit mehr, mal eben kurz mit einer Tasse Kaffee vor Müll-TV abzuhängen, um dann doch einen halben Tag daraus werden zu lassen. Menschen werden wieder miteinander kommunizieren, das geschriebene Wort neu entdecken und sich um 20 Uhr von der Tagesschau über den Lauf der Dinge informieren lassen, ohne dabei etwas über Dieter Bohlens sexuelle Eskapaden erfahren zu müssen. Die Geisteskrankheit Privatfernsehen rottet sich einfach selbst aus.

Ich bin kein Fernsehnostalgiker, der sich nach den alten Zeiten von Kinderstunde und Dalli Dalli zurücksehnt. Ilja Richters erbarmungswürdige Sketche und der blaue Bock verfolgen mich noch heute bis in meine Albträume, aber unser Land wird ohne private Brüllsender aufatmen können. Wir alle dürfen sogar in den Urlaub fahren, ohne befürchten zu müssen, dass selbst ernannte Spezialisten in unserer Abwesenheit vor laufender Kamera die Wohnung zu einer Puff ähnlichen Behausung umbauen, weil eine Großtante das für eine tolle Idee hält und so auch mal ins Fernsehen kommt.

Mobile Gesellschaft:

Finger weg! Sonst Beule

Finger weg! Sonst Beule!

August 2006

Ich mag den Winter. Weil ich mich dann nicht bei Temperaturen jenseits der 30 Grad permanent wie ein fast gares, in Öl gewälztes Schnitzel fühle und das Leben zwischen zwei Ventilatoren – wie in diesem Moment gerade! – fristen muss. Aber der Hauptgrund, warum mich Eisblumen an meinen Fensterscheiben glücklich machen, ist die Ruhe, die dann auf der Straße vor unserem Haus einkehrt. Denn kaum scheint die Sonne, versenken die Cabrios ihre Dächer und Freunde tiefergelegter Fahrzeuge kurbeln alle Scheiben herunter und – Das muss ein angeborener Reflex sein! – drehen ihre Stereoanlagen auf volle Pulle. Meistens lässt sich die eher rudimentär gestrickte Musik als solche ohnehin nur erahnen. Ich bin davon überzeugt, eine Rhythmusmaschine, deren Repertoire sich auf monotones Bumm... Bumm... Bumm beschränkt, erfüllt denselben Zweck.

Kleiner Einwurf: Wenn meine Kumpel und ich früher von diversen Freundinnen in eine Diskothek gezwungen wurden, fragten wir uns immer, wann die letzten Tänzer von der Fläche vertrieben worden wären, wenn wir den DJ betäubt hätten, um ihn durch ein Rhythmusgerät zu ersetzen. Ich vermute, eine ganze Reihe der Gäste hätte gar keinen Unterschied gemerkt und immer weiter gewackelt.

Bumm... Bumm... Bumm...

Aber zurück zum sommerlichen Autofahren: Es ist schon seltsam genug, und zeugt von mangelnder Sensibilität gegenüber den Mitmenschen, wenn man die Gegend mittels Mülltonnen großer Bassreflexboxen zudröhnt – Oder irre ich mich und es ist in Wirklichkeit eine Art Sendungsbewusstsein, um die ganze Welt am eigenen „perfekten“ Musikgeschmack teilhaben zu lassen? –, aber noch obskurer finde ich die Tatsache, Kleinwagen durch Sport(???)auspuffanlagen auf das Lärmniveau eines Lastenfliegers zu bringen. Was will man uns damit sagen? Dass der Fahrer der verhinderte Michi Schumacher der Friedrich-Ebert-Straße ist? Oder dass der Lauteste immer den Größten hat?

Am Schlimmsten ist es jedoch, dass zum sportlichen Sound häufig auch eine angeblich sportliche Fahrweise gehört. Das bedeutet, Ampelstarts mit qualmenden Reifen und halsbrecherische Sprints im Innenstadtbereich. Dass möglicherweise ein Fußgänger hinter der nächsten Kurve die Dreistigkeit besitzt, die Straße zu überqueren, wird dabei ignoriert.

Ich weiß, wovon ich rede: Ich habe früher unmittelbar hinter einer Kurve am Unnaer Verkehrsring gewohnt. Es war immer gleich: Auto (oder Motorrad) nähert sich mit Wrruumm!, Quietschen in der Kurve, Schepper und Klirr! Ich erlebte alle Varianten. Auto vor Laterne, Auto liegt auf dem Dach, Auto rast über Bordsteinkante und durch Vorgärten und bleibt am Baum kleben. Feuer, Tote und Verletzte. Manchmal wurde dabei auch ein unschuldiger Passant vom Gehweg geräumt. Bis heute hat sich da nichts geändert.

In meiner jetzigen Straße reicht es nur zu lächerlich anzusehenden Zwischenspurts von Bodenwelle zu Bodenwelle, um dann – weil tiefergelegt – im Schritttempo über die künstliche Erhebung zu eiern. Dabei wippen die Insassen aufgrund des knallharten Fahrwerks lustig hin und her.

Nichts gegen Autoliebhaber, aber funktioniert es nicht ohne Lärm und vor allem ohne Raserei? (Da gibt es doch so Computerspiele. Brmm, Brmm!) Lasst euch die Autos lieber vergolden und von innen beleuchtete Reifen aufziehen. Irgendwer wird mit der Herstellung dieses Zubehörs

Geld verdienen, um seine Kinder durchzubringen. Und wenn man dann schön langsam fährt, lassen sich die tollen Schlitten auch viel besser bewundern. Alle können sehen, dass der Besitzer zudem ein schickes Handy sein Eigen nennt und beim Telefonieren und Rauchen sogar ohne Hände lenken kann. (Na ja, der Typ, der mir letztens in der Tempo 30-Zone auf der falschen Fahrbahnseite entgegen kam, muss noch üben.)

Übrigens: In einem Reiseführer für ausländische WM-Besucher wurde ausdrücklich davor gewarnt, sich in Deutschland an ein fremdes Auto zu lehnen. Die wären uns Einheimischen nämlich heilig. Also Finger weg! Sonst Beule!

Der Orkan Kyrill war nur Spaß

Februar 2007

Jetzt haben wir es schriftlich. Aus berufenem Politikermund. Vom FDP-Landtagsabgeordneten Ellerbrock: „Der Orkan Kyrill sei keine Folge des Klimawandels."

Außerdem meint der Mann: „Vor 400 Jahren hatten wir eine kleine Eiszeit."

Da können wir ja beruhigt sein. Alles wird gut. Dass Eiszeiten und sonstige Ungemütlichkeiten des Wetters schon mal ganze Arten bezüglich Flora und Fauna ausgerottet haben, ist unerheblich.

Schließlich muss es auch bei uns politische Organisationen geben, die den „unzumutbaren" Auflagen wie etwa der Senkung der Schadstoffemissionen für die Industrie entgegenwirken.

Spitzenklasse ist darin die aktuelle Bush-Regierung. Die lässt weiterhin alles nur erdenklich Schlechte lustig in die Atmosphäre pumpen. Hauptsache, die Wirtschaft brummt. Dass denen der nächste Hurrikan ihre Wirtschaft davonpusten könnte, wird einfach ignoriert.

Im Pazifik saufen zwar erste Inselstaaten ab, aber – hey! – die haben weder eine Lobby, noch Erdöl oder Atomwaffen.

Wer nichts tut oder sich wie Bush & Co sogar gegen aktiven Klimaschutz stellt, ist definitiv ein Menschenfeind. Und glauben Sie mir, auch wenn Mr President bisweilen so rüberkommt, aus purer Blödheit handelt der nicht.

Andererseits verhalten sich viele unserer deutschen Mitbürger auch nicht gerade vorbildlich. Die heimische Autoindustrie baut Boliden mit 450 PS und Vierradantrieb, die nebenbei bemerkt aussehen wie eine aufgeblasene Vitrine der Oma aus Recklinghausen, aber das Schlimme ist, dass es Leute gibt, die diese Kisten kaufen.

Mal im Ernst! Wofür?

Ich höre dann meistens, dass die doch einen Pferdeanhänger ziehen müssten. Mann! Gibt es bei uns viele Reiter! Warum traben die dann nicht zum Trendcafé, anstatt mit ihrem Porsche Cayenne die City zu beschatten?

Nebenbei bemerkt: Neidisch bin ich ganz bestimmt nicht. Vor Jahren steckten in den Überraschungseiern kleine Plastikautos zum Zusammenbasteln und die sahen ganz genauso aus wie diese Chromprotzjägerkarren. Waren die hässlich! Dann lieber einen Gitarrenschlumpf.

Aber: Solange noch nicht Orkane, Sturmfluten und Dürreperioden unser Land schleifen, wird munter mit steigendem Benzinverbrauch durch die Gegend gebraust. Man muss ja auch deutlich machen, wo man gesellschaftlich steht. Nämlich weit über der Dachkante eines Kleinwagenfahrers. Vielleicht könnte man im Stau den Polo auf der rechten Fahrspur als Picknicktischchen benutzen.

Ich will gar nicht wissen, welches Auto Dieter Bohlen bevorzugt. Seinem Naturell entsprechend sicher etwas Lautes, das extra viel Sprit verbraucht. Fragen Sie sich manchmal nicht auch, wo die vielen musikalischen Analphabeten herkommen, die sich von Dieter vor Millionenpublikum zur Sau machen lassen? Oder was ist mit den ganzen Hirngepiercten, die sich bei Kallwass, Geissen und den anderen Moderationsamöben für einen Vaterschaftstest oder einer mit viel Anschreien verbundenen Pseudo-Eheberatung hergeben?

Diese Kandidaten gab es schon immer, die kamen sogar schon vor dreißig Jahren ins Fernsehen. Allerdings in einer Dokumentation über soziale Härtefälle. Da tauchte dann nicht SAT.1 auf, sondern der Berater vom Jugendamt, um wirkliche Hilfe anzubieten.

Heute lehnt sich der Zuschauer behaglich zurück und meint angesichts der Jammergestalten in seiner Flimmerkiste: „Da geht es mir ja noch gold."

Und was denkt der Depp, der soeben bei der Vera im Vormittagsprogramm offenbart hat, dass er außer viel Saufen auch noch klasse Frauen verprügeln kann: „Boah! Ich bin ein Star."

Jetzt dürfen Sie sich noch fragen, was das mit der Klimakatastrophe zu tun hat. Eine Menge! Denn solange sich ein nicht unerheblicher Teil der Bevölkerung mit Stumpfsinn verlustiert und die im eigenen Kopf stattfindende Intelligenzkatastrophe geil findet, wird es auch keine genügend große Lobby geben, die auf Regierungen und Industrie Druck ausübt, um einer Klimakatastrophe entgegenzuwirken.

Darauf noch eine Gerichtsshow und einen Zwölfzylinder-Turbo.

Eine Fahrt mit der Bahn oder Mein hässlichstes Ferienerlebnis

Oktober 2004

Die Deutsche Bahn hat ziemliche Probleme.

Eine Börsennotierung vor der Sommerpause 2006 erscheint angesichts der derzeitigen Rahmenbedingungen nicht ratsam, lässt man verlautbaren. Das ist mir ziemlich egal, da ich es vorziehe auf mein Geld aufzupassen und ungern spekuliere. Nicht egal ist es mir allerdings, dass die Chefetage der Bahn beschlossen hat, die Fahrpreise anzuheben.

Ob man glaubt, so die Rahmenbedingungen zu verbessern? Wäre es nicht vielleicht besser, Pünktlichkeit und Service auf ein vertretbares Level anzuheben?

Dazu ein kleines Erlebnis: In den Sommerferien beschlossen meine Familie und ich eine Radtour nach Soest. Da wir keine Zabels sind, wollten wir den Rückweg mit der Bahn antreten. Eigentlich kein Problem, da die Züge von Soest nach Unna halbstündlich verkehren. 15 Minuten vor der Abfahrt des nächsten Zuges stellten wir unsere Fahrräder ab und betraten den Bahnhof in Soest. Vor dem Fahrkartenautomat staute sich eine Schlange unkundiger Menschen. Man drückte ratlos Knöpfe, versuchte Geld einzuwerfen, studierte dann wieder mit flackerndem Blick Betriebsanleitung und Fahrplan. Nur wenigen gelang ein reibungsloser Ticketkauf. Während die Verzweiflung der Anwesenden wuchs, verließ unser erster Zug bereits den Bahnhof.

Nun war ich an der Reihe: Zwei Erwachsene, zwei Kinder plus vier Fahrräder. Ich kapitulierte nach mehreren Anläufen und ging Hilfe suchend zu einem Container, in dem, wie ich in meiner Naivität annahm, mir kundige Bahnbedienstete die Karten verkaufen würden. Vor den beiden Schaltern bildeten sich lange Schlangen. Zentimeterweise ging es vorwärts. Währenddessen verließ der zweite Zug Soest in Richtung Heimat. Ich fühlte mich mittlerweile ein klein wenig angespannt.

„Zwei Erwachsene, zwei Kinder, vier Fahrräder nach Unna."

Der Mann am Schalter musterte mich kurz und erwiderte tonlos: „Die gibt es am Fahrkartenautomat."

Ich: „Da stehen aber Horden von Leuten, die genauso wenig Ahnung haben wie ich. Außerdem habe ich durch das Warten schon zwei Züge versäumt."

Schaltermann: „Sie müssen zum Fahrkartenautomat."

Ich: „Nein. Ich möchte meine Tickets."

Schaltermann: „Das geht nicht."

Ich: „Verlangen Sie von Ihren Kunden, dass die zuvor einen Lehrgang für den Umgang mit Ihren Automaten belegen?"

Lautstarke Zustimmung von den Wartenden hinter mir.

Ich: „Wenn ich mich da noch mal anstelle, ist der dritte Zug weg!"

Schaltermann: „Karten für den Nahverkehr nur am Automaten. Das ist Vorschrift."

Meine Tochter stellte erschrocken fest, dass sich Rauch aus meinen Ohren kringelte und ich die Gesichtsfarbe wechselte. Sie schob ihren schnaufenden Vater zurück zum Automaten. Wir probierten es erneut. Für die Vielzahl von Tickets (Fahrräder einzeln!) benötigten wir Unmengen von Kleingeld. Maximal wird ein 10 Euroschein akzeptiert. Allerdings nur manchmal. Aus unerklärlichen Gründen werden selbst glatte, herrlich neue Banknoten wieder ausgespuckt. Aber – nach dem Geldwechseln in einer Kneipe – besaßen wir endlich alle Fahrkarten. Da knackte es im Lautsprecher: „Der Nahverkehrsexpress um 17.32 Uhr fällt aus."

Meine Familie musste sich nun Sorgen um meinen Geisteszustand machen. Ich hetzte zum Schaltermann, der sich bei meinem erneuten Erscheinen hinter dem Computermonitor verbarg.

Ich: „Was nun!!!“

Schaltermann: „Der Zug ist ausgefallen. Sie müssen den nächsten nehmen.“

Ich: „Das wäre dann der vierte! Kommt der denn überhaupt?“

Schaltermann: „Das ist nicht sicher.“

Ich: „Was!!!...Wie wäre es, wenn Sie das in Erfahrung bringen würden."

Schaltermann: „Ich könnte nachfragen...“

Ich: „Das wäre sehr schön!“

Er telefonierte und nickte. „Sieht ganz gut aus.“

Zu unserem Erstaunen traf der vierte Nahverkehrsexpress tatsächlich ein. Da wir zum ersten Mal mit Fahrrädern per Zug unterwegs waren, hielten wir Ausschau nach einem geeigneten Wagen. Kein Hinweis. Nichts. Der sich in Rufweite ausharrende Schaffner sah regungslos zu, wie ich irritiert vier Fahrräder in seinen Zug wuchtete. Zehn Minuten später – während der Fahrt – raunzte er mich bei der Kartenkontrolle an: „Die Fahrräder stehen hier völlig falsch!“ Mein Gesichtsausdruck brachte ihn allerdings zum Verstummen.

Nein! Ich kaufe weder 2006 noch 2066 irgendwelche Bahnaktien.

Einen habe ich noch: Wenn ich aus beruflichen Gründen nach Berlin muss, nutze ich den ICE. Auf der letzten Rückfahrt wollte ich mir ein Bier gönnen. Also auf ins Zugbistro.

Ich: „Ein Pils, bitte. Zum Mitnehmen.“

Bistromann: „Reisen Sie erster oder zweiter Klasse?“

Ich: „Hat das Auswirkungen auf mein Bier?“

Bistromann: „Wenn Sie erster Klasse reisen, bekommen Sie ein Glas zur Flasche. Bei der zweiten Klasse einen Plastikbecher."

Vielen Dank, Herr Mehdorn!

Neue Geschichten mit der Deutschen Bahn oder Alarm in Wuppertal!

Februar 2006

Vor einigen Monaten erzählte ich an dieser Stelle schon einmal von meinen Erfahrungen mit der Deutschen Bahn: Ein Familienausflug mit dem Rad, bei dem wir die Rückreise mit dem Zug antreten wollten, endete in einem meiner Lebenserwartung nicht zuträglichen Chaos. Damals schwor ich, in Zukunft auf Bahnreisen verzichten zu wollen. Nun beruhigt man sich aber im Laufe der Zeit und mit nachlassender Erinnerung weicht die Wut einer gewissen Milde. Ich war gewillt, diesem Verkehrsmittel eine neue Chance zu geben. Auf Wunsch meiner Tochter wählten wir für die Fahrt zu einer Artistenshow in Düsseldorf den Zug. Ich vermied eine erneute Auseinandersetzung mit den böswilligen und vermutlich bewusst zur Verwirrung der Kundschaft programmierten Fahrkartenautomaten und kaufte die Tickets im so genannten Informationszentrum. Die Hinfahrt gestaltete sich – abgesehen von verschlossenen Toiletten – ganz passabel und zügig. Doch auf der Rückreise legte sich die Bahn wieder mächtig ins Zeug, um uns einen gelungenen Tag doch noch zu verderben.

Es begann damit, dass der Zug in den frühen Abendstunden nicht über Dortmund, sondern über Wuppertal (?) den Unnaer Bahnhof ansteuerte. Natürlich funktionierten auf der Teilstrecke Düsseldorf-Wuppertal keine Toiletten. Erste Vorboten, wie ein Abend mit Töchterchen nach einer tollen Akrobatikvorstellung mit Leckereien und viel Limo zu einem Fiasko werden kann. Da hieß es, die Zähne zusammenbeißen und den Wuppertaler Hauptbahnhof abwarten. Klar, dass man dort beim Umsteigen eine lange Wartezeit in Kauf nehmen muss. Selbst Schuld, wer nach 20.00 Uhr Unna erreichen will. Aber zugegeben, ohne den Zwischenstopp hätte es ein Malheur gegeben. Also, raus aus dem Zug der gesperrten Kloschüsseln und auf die Suche gemacht nach der rettenden Insel mit dem Zeichen WC im Bahnhof. Bald hatten wir die dringend benötigten Bedürfnisanstalten ausfindig gemacht. Leider verfügten die über die Öffnungszeiten eines ländlichen Miederwarengeschäfts und waren seit Stunden dicht.

Jetzt wurde es verdammt eng!

Wir hetzten durch den Bahnhof der Großstadt und trafen schließlich einen Mann in orangefarbener Kluft, der die Fliesen fegte. Auf meine Frage, wo denn hier kleine Mädchen mal müssen dürfen, erwiderte er mit einem Schulterzucken: „Gar nicht mehr."

Angesichts dieser doch sehr klaren Aussage rotierte mein Verstand für Sekunden im Leerlauf, bis sich die Empörung ungestüm freie Bahn verschaffte: „Heißt das, der Reisende soll hier abends auf die Gleise kacken?"

Eine knarzende Mitteilung aus den Lautsprechern befreite den armen Fliesenkehrer von einer Antwort. Ich erfuhr soeben, dass unser Zug voraussichtlich dreißig Minuten Verspätung haben würde. Die Stimme blieb anonym; ich konnte den Verantwortlichen nicht ausfindig machen. Vermutlich hockte er vor seinem Mikro in irgendeinem getarnten Kabuff, und das war wohl besser für ihn und für mich. Ich raste mit meiner verzweifelten und von der urdeutschen Institution Eisenbahn sichtlich entsetzten Tochter ins Freie. Das abendliche Wuppertal jenseits der Bahnsteige zeigte sich düster und voller trunkener Gestalten in den Büschen. Das war also auch keine Lösung. Zurück ins Gebäude! In allerletzter Sekunde fanden wir eine verrauchte Kneipe, deren angeschlagene Gäste dort zu wohnen schienen. Um mich nicht auch noch mit dem Wirt auf langwierige Diskussionen über das Benutzen seiner Toiletten einlassen zu müssen, bestellte ich ein Pils und ein Malzbier und schickte meine Tochter so legitimiert aufs stille Örtchen.

Wie Sie an dieser Kolumne ersehen, gelang es uns Wuppertal doch noch zu verlassen. Natürlich mit einem Zug – Sie ahnen es! – dessen Toiletten verriegelt waren.

PS: Da gab es doch mal diesen Werbeslogan der Bahn: Alle reden vom Wetter. Wir nicht! Auf den dazugehörigen Plakaten raste dann ein Zug durchs Schneegestöber. Erinnern Sie sich? Ich war verblüfft, als ich mitbekam, dass es im Herbst zu zahlreichen Verspätungen kam. Wegen herabgefallener Blätter auf den Gleisen. Merkwürdiger Fortschritt.

Tiere:

Wer wringt denn da die Katze aus?

Knete ohne Ende oder Rotschopf halt durch

Januar 1999

„Was machst du eigentlich so beruflich?“, werde ich gelegentlich gefragt. Wenn ich dann antworte, ich sei Schriftsteller, folgt zumindest: „Davon kann man doch nicht leben!“

Bei manchen gilt noch immer: Schriftsteller sind arme Schlucker, die in zugigen Dachstuben hausen und dem Alkohol frönen, um Hunger und Erfolglosigkeit zu verdrängen. Die Realität sieht ein klein wenig anders aus. Dennoch wird den wenigsten Autoren das Geld säckeweise vor die Tür gekarrt. Unterm Strich bleibt ein miserabler Stundenlohn und man muss sich nach zusätzlichen Verdienstmöglichkeiten umsehen.

Wie wäre es zum Beispiel mit dem Schreiben von Ponyromanen? Wieher!

Ich überprüfte meinen Wissensstand über Pferde. Mir fielen Fury, die treuen Gäule von Bonanza und Marshall Matt Dillon ein. Die wiehern, können mit den Köpfen nicken, sind verrückt nach Zucker, stehen regungslos vor dem Saloon und werden irgendwann von ihrem Reiter in der Wüste erschossen.

Das war nicht viel. Eine Story ließ sich hingegen schnell konstruieren:

Sandra, fünfzehn Jahre alt, kommt aus einfachen Verhältnissen, arbeitet nach der Schule, um sich ein Pflegepony leisten zu können. Sie nennt es liebevoll Rotschopf. Mit dem getreuen Miniross nimmt Sandra an Turnieren teil und gewinnt. Das aber erzürnt die ebenso geltungssüchtige wie verwöhnte Rachel, Tochter eines stinkreichen Bauunternehmers und korrupten Stadtrats. In dunkler Nacht richtet sie Sandras geliebtes Pony in der Box übel zu. Mit einer Eisenstange. Den Verdacht lenkt die böse

Rachel auf den sympathischen portugiesischen Pferdepfleger Mario, der daraufhin entlassen wird.

Sandra gibt natürlich nicht auf, pflegt in einem aufopfernden Tag- und Nachteinsatz ihr Pferdchen gesund. Als sie es endlich wieder auf die Koppel führt, taucht Rachel auf, die in der Zwischenzeit die Pokale auf den Turnieren abräumte. Das Pony Rotschopf erinnert sich in ihrer Gegenwart an die brutale Schreckensnacht, scheut und droht die gestürzte Sandra zu verletzen. Doch Mario, der portugiesische Pferdepfleger, der sich noch immer voller Gram in der Nähe des Ponyhofs herumtreibt, greift ein und rettet Sandra.

Die grausame Rachel wird entlarvt, Mario begleitet nun Pony und Mädchen auf den Turnieren und sie reiten von Erfolg zu Erfolg.

Alles drin! Erwähnt werden muss noch, dass Sandra das von allen aufgegebene Pony Rotschopf mit Naturheilmitteln wieder auf die Hufe bringt.

Einen Titel für das Machwerk habe ich auch schon: Rotschopf, halt durch!

Ich könnte Rotschopf dreht auf!, Hochzeit in Lissabon und Rachels Rückkehr folgen lassen. Das riecht nach Knete ohne Ende. Jetzt fehlt nur noch ein Pseudonym. Ich werde mich Roy Braun nennen. Das klingt kompetent und niemand wird ahnen, dass ich mich dahinter verberge.

Sie werden mich ja wohl nicht verraten!

Wer wringt denn da die Katze aus?

August 2007

Wenn ich morgens zum Bäcker oder in den Supermarkt gehe, fröne ich dabei kurz einem meiner Hobbys: dem Sammeln von BILD-Schlagzeilen. Die irrwitzigsten notiere ich mir dann zu Hause. Zum Glück reicht ein kurzer Blick auf die Titelseite, da die Meldung des Tages in bis zu zehn Zentimeter großen Lettern prangt. Schließlich wäre jeder Cent für diese Zeitung zu viel.

Nun war ich bisher der Meinung, es würde sich nicht mehr lohnen, über BILD zu lamentieren. Aber es gibt doch zwei gute Gründe, es noch einmal zu wagen.

Erstens: Die Auflage ist in knapp zehn Jahren um 900 000 Exemplare gesunken. (Weiter so, Deutschland!)

Zweitens: Ich habe eine neue Lieblingsschlagzeile entdeckt.

Hier kommt sie: **DEUTSCHER ERFINDER KANN AUS KATZEN BENZIN MACHEN – FÜR EINE TANKFÜLLUNG BRAUCHT ER 20 MIEZEN**

Dem entrüsteten Tierschützer sei gesagt, dass der abgedruckte Artikel jeglicher Grundlage entbehrt. Hier experimentiert kein neuer Dr. Frankenstein in finsteren Gewölben und stülpt Kuscheltiere in den Entsafter. Alles Quatsch!

Aber so arbeitet man bei BILD. Sucht sich all das, was schockiert und aufregt: Erfundene Tierquäler, Perverse und immer wieder „die da oben". BILD biedert sich kumpelhaft an, macht sich ungefragt zum Sprachrohr der zu kurz Gekommenen und droht sogar damit, helfen zu wollen. In der Realität wird verdreht, gefälscht. Menschen werden Gespött und Neid ausgesetzt, bis hin zur Vernichtung der Existenz. Rücksichtslosigkeit gegenüber Leserschaft und Titelfiguren, die nur Opfer einer zynischen und wohl kalkulierten Absatzstrategie sind.

BILD macht Meinungen, vollzieht aber unbekümmert einen Richtungswechsel, wenn die Stimmung im Volk ins Gegenteil kippt. Was gestern mies, kann morgen wieder toll sein.

Wäre BILD ein Satiremagazin, könnten wir uns unbekümmert amüsieren. Aber leider ist dem nicht so. BILD ist noch immer Macht. Seit der ersten Ausgabe im Juni 1952, die mit der Schlagzeile „Ostzonensuppenwürfel verursachen Krebs" erschien.

Jedoch kann man diesen obskuren Überschriften einen gewissen Unterhaltungswert nicht abstreiten. Den darunter stehenden Text kann ich mir allerdings schenken. Ich werfe also einen kostenlosen Blick auf Seite 1, halb angeekelt, halb amüsiert und ignoriere das Machwerk ansonsten. Noch eine kleine Kostprobe meiner favorisierten Original-Schlagzeilen?

VOM DACKEL DER SCHWIEGERMUTTER ENTMANNT

FRAU NACH ANTIBABY-PILLE VÖLLIG BEHAART

TREUES POLIZEIPFERD ZU BULETTEN VERARBEITET

HONECKER LEBT, LIEST BILD

ERDBEBEN IN FRANKFURT! IST DENN KOHL AN ALLEM SCHULD?

ILTIS ERSCHOSS KREISRAT

LEHRER Aß SCHÜLER

Ich könnte BILD ewig so weiterzitieren, aber mit „Er hackte mir die Arme ab – dann schob er mich ins Abflussrohr" soll es genug sein. Übrigens wünsche ich mir zum Schluss, dass BILD die Exklusivrechte an Paris Hilton, dem Fleisch gewordenen Klingelton, erhält. Dann muss ich deren Visage in keiner anderen Zeitung mehr begegnen. Bitte BILD! Hilf!

Kurioses zur Erhöhung der Mehrwertsteuer oder warum das Verzehren von Huftieren billiger ist, als sie zu reiten

Juni 2006

Dass die Mehrwertsteuer am 1.1.2007 von 16 auf 19 % erhöht wird, ist schon ein alter Hut. Machen Sie nur ein Vermerk unter der Rubrik nicht gehaltene Wahlversprechen bezüglich der SPD. Beachten Sie aber auch die gleichzeitige Anhebung der Versicherungssteuer und die Kürzung der Zuschüsse für den Personennahverkehr. Glauben Sie bloß nicht, die Nutzung ihres immer kostspieliger werdenden Autos einschränken zu können, indem Sie auf den Zug umsteigen. Sind bisher Service und Pünktlichkeit bei der Bahn eher rudimentär vorhanden, dringen Sie als Fahrgast zukünftig in ungeahnte Dimensionen des Schreckens vor. Beginnen Sie jetzt schon mit diversen Atemübungen zur akuten Stressbewältigung. Und unbedingt merken! Vor der Bahnfahrt bloß nichts trinken! Eine eiserne Regel der Deutschen Bahn besagt, dass Toiletten in voll besetzten Zügen verriegelt sein müssen.

Um die Mehrwertsteuer zu erklären, benötigt das Finanzministerium übrigens einen 140 Seiten dicken Schmöker. Doch selbst wenn Sie das Regelwerk durchgearbeitet haben, werden Sie nicht nachvollziehen können, warum ein Esel mit 19 % besteuert wird, ein Maultier hingegen aber nur mit 7 %. Das Reitpferd wird zukünftig mit 19 % besteuert, während der Pferdemetzger für das Huftier nur 7 % berappt. Wenn Sie ein Pony für Ihre Tochter kaufen, sollten Sie vielleicht angeben, dass das Tier für den baldigen Verzehr gedacht ist. (Klappt das auch bei Nymphensittichen und Hamstern?)

Ich habe da noch ein paar interessante Mehrwertsteuerdetails:

Rindenmulch im 10 kg Beutel 19 %, im 50 kg Sack 7 %, Pfeffer oder Rosmarin 7 %, zusammengesetzte Würzmischungen 19 %, Langusten 19 %, Garnelen 7 %, Luxusleckerei Trüffel 7%, aber 19 %, wenn die Trüffel in Essig eingelegt werden.

Ziermais wird staatlich gefördert, aber nicht Zuckermais Auf diverse Nachfragen, warum das so sei, lautet die lapidare Antwort des Finanzministeriums: „Weil es so im Gesetz steht."

Wenn Sie nun aber glauben, die Deutschen wären beim Verfassen merkwürdiger Gesetze ganz weit vorn, kann ich Sie trösten. In den Bundesstaaten der USA haben obskure, zum Teil uralte Verbote noch immer Gültigkeit. Einige geben einen tiefen Einblick in Psyche und Gesinnung der Gesetzgeber.

In Wichita (Kansas) ist die Misshandlung der Schwiegermutter kein Scheidungsgrund.

In Hastings (Nebraska) müssen Ehepaare beim Sex Nachthemden tragen. In Willowdale (Oregon) darf beim Geschlechtsverkehr nicht geflucht werden, während in Wisconsin der Mann kein Gewehr abfeuern darf, während die Partnerin einen Orgasmus hat.

In Kentucky dürfen Frauen nicht im Badeanzug auf die Straße. Es sei denn, sie wiegen weniger als 42 beziehungsweise mehr als 92 Kilo. Eine Ausnahmeregelung gilt, wenn sie bewaffnet sind.

In Pennsylvania gilt ein Gesetz, wonach ein Autofahrer, dem ein Pferdefuhrwerk begegnet, seinen Wagen von der Straße nehmen muss und mit einer Plane zuzudecken hat, die der Farbe der Umgebung entspricht. Reagieren die Pferde weiterhin störrisch, muss er sein Auto demontieren und die Teile unter Büschen verstecken.

In Florida ist öffentliches Furzen donnerstags nach 18 Uhr ein Straftatbestand, während in Tampa Bay am

Sonntag ab 18 Uhr der Verzehr von Hüttenkäse verboten ist.

30 Tage Knast drohen jeder Frau, die es wagt in Minnesota ein Nikolauskostüm zu tragen.

Und in Memphis dürfen Frauen nur dann ein Kraftfahrzeug bewegen, „wenn ein Mann vor dem Gefährt herläuft und eine rote Flagge schwenkt, um Fußgänger und Autos zu warnen."

Mal ehrlich, was sind dagegen schon Gesetze, die ein Tier billiger machen, wenn man es braten statt reiten will.

Über den Fortschritt:

Ruf mich an!

Wenn es beim Bürger weder klingelt noch vibriert, ist der Staat gefordert

November 2000

Dank moderner Technologie ist es uns möglich, mit Sümmerheide, Knoxville (Tennessee) oder Boggabilla in Australien zu kommunizieren. Allerdings werden die wenigsten von uns einen Grund dazu haben. Und dennoch drücken sich Horden von Menschen vor der Wursttheke, im Restaurant, während der Autofahrt oder bei kulturellen Veranstaltungen ihr Handy ans Ohr.

Was erzählen die sich eigentlich? Wird über die politische Weltlage diskutiert, ergehen sich Liebende in der wollüstigen Vorfreude auf die kommende Nacht oder tätigt man einen lebensrettenden Notruf? Eher nicht. In Wahrheit brabbelt man sich überwiegend Belanglosigkeiten zu wie „Ich stehe jetzt vor deiner Haustür und drück den Klingelknopf“ oder „Ich kaufe Senf.“

„Hey!“" werden jetzt einige rufen. „Ich mache meine Knete an der Börse und muss ständig über den Dax informiert sein.“

Das ist natürlich ganz etwas anderes. Diese hart arbeitende Spezies wollte ich auf gar keinen Fall verunglimpfen. Schließlich lastet auf ihren Schultern die Volkswirtschaft, ja, das Allgemeinwohl. Irgendwann macht uns das Aktiengeschäft garantiert zu einer Nation von glücklichen Millionären. Bis dahin (ca. 26 000 Jahre) gibt es dank der Handys eine Möglichkeit die Arbeitslosenzahlen drastisch zu senken: Da hocken Hunderttausende in sogenannten Szeneläden oder bei Verwandten und Bekannten, spielen mit wichtiger Miene auf der Tastatur herum und werden – Achtung! Blanker Horror! – nicht angerufen. Keine lustige Melodie erklingt, nichts wandert vibrierend über den Tresen. Was für eine Blamage!

Hier ist der Staat gefordert! Er muss seine Bürger und Bürgerinnen vor diesem gesellschaftlichen Abseits bewahren.

Wie?

Indem Anrufagenturen geschaffen werden. Dort sitzt dann geschultes Personal aus dem reichhaltigen Fundus der Arbeitslosen und ruft gegen eine angemessene Gebühr schwach frequentierte Handybesitzer an. Gegen Aufpreis können sogar individuelle Gespräche geführt werden.

„Hallo, wie geht es dir?"

„Muss."

„Was machst du gerade?"

„Ich bin in der Kneipe."

„Toll! Trinkst du Bier?"

„Ja."

„Supersache! Bist ein toller Hecht! Ich melde mich dann später wieder."

Was gibt es sonst noch? Jürgen Drews will zur Rettung der ZDF-Hitparade einen Protestmarsch vor dem Reichstag anführen und FDP-General Westerwelle hockte im Bescheuerten-Container von Big Brother und gab an, dort über Rechtsradikalismus diskutieren zu wollen.

Doch unter den Anwesenden musste zunächst die Frage geklärt werden, ob Rechts nun mit ä oder Doppel-e geschrieben wird. Außerdem sei der doofe Linksverkehr in England doch auch nicht besser.

„Wo bin ich? Da lacht doch jemand?"

Donald Duck (Entenhausener Philosoph)

Ruf mich an! (nur 3.99 € pro Min.)

Juli 2003

Kennen Sie noch die kleinen Werbeanzeigen aus Groschenheften wie „Ein Mutterherz weint“ oder „Mutantenterror im Wega-Sektor“?

Mein Favorit war das Mittel gegen Segelohren mit den Vorher und Nachher-Fotos. Bei Vorher sahen wir einen trübsinnigen Jüngling, der mit seinen Lauschern kurz vorm Abheben stand. Bei Nachher lächelte er uns überglücklich und mit anliegenden Ohrmuscheln an.

Wer daraufhin das Wundermittel bestellte, erhielt so eine Art Kaugummi, mit dem er sich die Ohren an den Schädel pappen konnte. Das war zwar hart an der Grenze zum Beschiss, aber der finanzielle Verlust hielt sich in Grenzen.

Heute scheint ein nicht unerheblicher Teil der Bevölkerung sein Dasein damit zu fristen, die Mehrheit mit immer neuen Tricks um das sauer verdiente Geld bringen zu wollen.

Sicher ist Ihnen schon mindestens einmal ein amtlich aussehendes Schreiben ins Haus geflattert, in dem ein (nicht existenter) Notar behauptet, Sie hätten einen Porsche oder eine Kreuzfahrt gewonnen. Allerdings sollten Sie doch bitte aus dem beigefügten Prospekt noch den Speck-weg-Trainer oder die 156-teilige Besteckgarnitur bestellen. Ab ins Altpapier damit!

Eine Steigerung sind zumeist in der Nacht eintreffende Faxe, auf denen unaufgefordert dubiose Immobilien auf den Kokos-Inseln, Aktien aus Paraguay oder Potenzmittel zum halben Preis angeboten werden. Diese Frechheit kostet zumindest meine Tinte. Schön wäre es, denen 50 Seiten schwarzes Kartonpapier zurückzufaxen.

Handybesitzer erhalten täglich eine SMS wie „Ich denke

noch immer an Dich!“

Oha!, macht da so mancher. „Vielleicht ist das ja die Biggi von der Schulfete anno 1975. Die stand doch auf mich!“ Dabei wird dann schnell übersehen, dass Biggi nun eine 0190-Nummer besitzt oder ihr Domizil auf Trinidad haben muss.

Vergessen wir nicht, dass viele Jugendliche über ein Handy verfügen und mit solchen Dingen bisweilen etwas unkritisch umgehen. Beachten Sie dazu die aufdringliche Brüllwerbung bei den Privatsendern bezüglich „voll krasser“ Klingeltöne und deren Preise. Nicht wenige Eltern staunten schon über mindestens dreistellige Monatsrechnungen.

Kurzum: Windige Zeitgenossen wollen uns permanent über den Leisten ziehen. Beschiss liegt voll im Trend. Wird zum Bestandteil unserer Gesellschaft.

Wenn ich bei dem angeblichen Sportsender DSF per Teletext die Fußballtabellen abrufen will, schrillt mir „VERDORBENE FRAUEN! Auf Seite 750!!!“ entgegen. Dabei wollte ich doch nur wissen, ob Rot-Weiß-Essen den Aufstieg schafft.

Die Schmerzgrenze ist längst erreicht. Unseriöses Verhalten schwappt in unsere Familien. Selbst wenn man nicht auf Neppsender, schleimige Telefonanrufe und SMS-Chats reinfällt, bleibt die Belästigung und das ungute Gefühl, dass unsere Gesellschaft in eine Resterampe verwandelt werden soll. Ich bitte um einschneidende Maßnahmen seitens des Gesetzgebers.

Übrigens: Ist jemand ernsthaft stolz darauf, wenn er bei einem Fernsehsender folgende Frage beantworten kann: „Wer bringt der Sage nach die kleinen Kinder?“

A) Die Klapperschlange?

B) Der Klapperstorch?

Hiiiilfe!!!

Radau bis Mitternacht!

Oktober 2006

Sofern ich nicht mitten in der Nacht einen Termin habe, ist es mir als lärmempfindlicher Mensch unmöglich zu verschlafen. Schließlich dröhnen täglich ab 6 Uhr in der Frühe düsenbetriebene „Wecker" über unser Haus. Dabei wohne ich noch nicht einmal in der unmittelbaren Nähe des Dortmunder Flughafens. Ich wage mir gar nicht vorzustellen, wie man sein Dasein als Nachbar des drittgrößten NRW-Flughafens fristet. Es erfüllt einen mit Wut, wie Grundbedürfnisse der Menschen mit Füßen getreten werden. Ehemals reizvolle Wohngebiete werden im Namen einer rigorosen Expansionspolitik von Seiten der Flughafenlobbyisten in Politik und Wirtschaft in dauerbelastete und wertlose Zonen verwandelt. Selbstverständlich kriegt man den Hals nicht voll und lässt sich auf ein Wettrüsten mit den Konkurrenten in Paderborn und anderswo ein. Die Landebahn muss verlängert werden und dicke Brummer sollen – inklusive Verspätungsregelung von 5 Uhr morgens bis Mitternacht – Radau produzieren. Ansonsten drohe wohl der Kollaps der gesamten Wirtschaftsregion. In Wahrheit dürfte aber der erpresserische Druck der Fluggesellschaften dahinterstecken, auf andere Orte auszuweichen.

Vielleicht könnte ein Pflichtjahr für Flughafenbetreiber und Gesellschaftsbosse in einem Haus inmitten der Einflugschneise einen Sinneswandel bewirken. Und möglicherweise wird dann auch folgende Tatsache berücksichtigt, wenn es den eigenen Nachwuchs betrifft: Fluglärm beeinträchtigt die schulische Leistungsfähigkeit von Kindern deutlich stärker als bislang angenommen. Das belegen neue Untersuchungen aus vier Ländern der europäischen Union.

Das klare Nein der Flughafengegner gegen den Ausbau kann man nicht nur gutheißen, man muss es auch unterstützen.

Wie?

Ich verspreche hiermit nie, absolut nie mehr den Flughafen in Anspruch zu nehmen. Eigenartigerweise gibt es ja immer noch Zeitgenossen, die sich über den Lärm aufregen, aber dennoch den Dumpingflieger gen Mallorca besteigen. Handeln wir konsequent. Der Verbraucher verfügt über eine ungeheure Macht. Ob er nun ominöse Fleischabfälle in Zellophanpackungen beim Discounter links liegen lässt oder deutlich macht, wie sehr ihm der Verlust von Lebensqualität durch Lärm gegen den Strich geht.

Und überprüfen Sie die Politik bezüglich ihrer Aussagen. Hier geht es nicht um die üblichen Floskeln, sondern um unsere Lebensqualität. Und die sollte nicht darin bestehen, für ein paar Euro an den Ballermann zu kommen. Vielleicht entdecken Sie sogar den Reiz einer Fahrradtour wieder.

Für die Globalplayer der Hochfinanz, die hurtig nach Frankfurt oder Berlin müssen, gibt es die Schnellzüge. Im ICE können die sogar nonstop per Handy mit der Börse in Kontakt bleiben und mit Humankapital (damit sind Arbeitnehmer gemeint) jonglieren und die Entlassungsproduktivität (Unwort des Jahres 2005) erhöhen.

Der Nörgler hat das Wort

Januar 2007

Ich gebe es zu: Ich bin ein Nörgler. Und ein Dinosaurier. Zumindest, was meine Begeisterungsfähigkeit für viele technische Innovationen in der Welt der elektronischen Medien betrifft.

Mein Computer hatte letztens Geburtstag. Er ist sieben geworden. „Oh mein Gott! Asbach, die Kiste!", kreischen da die Freaks, wenden sich von mir ab, als sei ich grenzdebil und beginnen miteinander in einer Fremdsprache zu reden, in der es um die Konfigurierung hyperschneller Prozessoren im teilvariablen Schleudergang oder so etwas geht. Sie liegen mit Viren im ständigen Abwehrkampf und befinden sich in einem permanenten Wettrüsten, um das neueste Ballerspiel laden zu können, in dem wahlweise Nationen, Aliens oder Mutanten eliminiert werden müssen. Manchmal auch alles auf einmal.

Mein alter Apple hingegen funktioniert einfach. Und wenn ihm mal irgendetwas nicht passt und ihm beispielsweise bei Recherche die Daten auf der aktuellen Internetseite der nordkoreanischen Regierung Schluckbeschwerden bereiten, zeigt er mir mit einem passenden Symbol – eine winzige Bombe mit zischender Zündschnur, dass es an der Zeit ist, eine kleine Denkpause einzulegen. Ein echter Kumpel eben.

Natürlich darf man sich nicht allen positiven technischen Neuigkeiten verschließen. Wenn es beruflich erforderlich ist. Aber gerade in der Unterhaltungsindustrie werden wir mit einem Blödsinn belästigt, der einer sinnvollen Lebensführung nicht besonders zuträglich ist. Mir sind Mitmenschen bekannt, die ihre virtuelle Welt maximal zur Einnahme und Abgabe von Nahrung verlassen. Die nennen sich dann Odin 05 oder Cycracker FX und können sich beim Aufblicken von der Computertastatur nur dunkel daran erinnern, dass sie eigentlich gar keine Dämonenkiller sind und in Wirklichkeit Thorsten oder Ralf heißen. Sollte man tatsächlich mal das Haus verlassen müssen, hockt man an der Bushaltestelle oder im Wartezimmer und stiert auf einen kaum streichholzschachtelgroßen Handybildschirm und drückt auf Knöpfchen, für deren Bedienung man einen Zahnstocher benötigt. Ich habe schon Menschen beobachtet, die sich ununterbrochen eine SMS nach der anderen zugesandt haben. Sie meinen, das sei nichts Besonderes? Doch! Die saßen sich nämlich gegenüber.

Letztens führte jemand eine Unterhaltung mit mir, während in seinem rechten Ohr ein kleiner Knopf steckte, aus dem ohne Unterlass ein monotones Scheppern wisperte, das wohl eine Art Minimal-Musik darstellen sollte. Was ist das? Der Soundtrack zum Leben? Wo selbst der Einkauf von hundert Gramm Magerquark mit einer Musik unterlegt werden muss, als befände man sich in einem viertklassigen Zombiefilm bei RTL2.

Vielleicht steckt hinter allem eine weltweite Verschwörung der Elektronikriesen, die uns dazu zwingen will, bewusst komplizierte Technik zu kaufen, die eine immer kürzere Halbwertzeit besitzt und deren Bedienung kaum noch Raum lässt, um sich mit interessanten Dingen wie Denken oder Sprechen zu beschäftigen.

Die Bedienungsanleitung unseres neuen DVD-Rekorders umfasst 72 eng bedruckte Seiten. Das klingt dann so: „Wenn sich dieses Gerät in EXT Link-Bereitschaft befindet, können die GUIDE Plus + Daten nicht heruntergeladen werden. Im EXT Link-Bereitschaftsbetrieb und Aufnahmebetrieb hat die Einstellung von AV1 Ausgang keinen Einfluss auf das über den AV2-Eingang zugeleitete Videobild."

Das ist mir so was von scheißegal! Ich nehme mir jetzt ein Buch. Das kann wohl jeder ohne Betriebsanleitung handhaben. ...Oder?

Welt der Medien 3:

Würmer statt Sex

Zu Gast bei Fidel Castro und in der tunesischen Lindenstraße

Juli 2007

Am 10. Juni schlug der Blitz bei mir ein. Es bebte, qualmte und der Putz fiel von der Wand. Ich flitzte quer durchs Haus bis in den Dachstuhl, aber zum Glück war nichts weiter passiert. Mal abgesehen davon, dass einige elektrische Geräte nur noch als Zierrat taugten. Die Telekom befand sich im Streik und ließ mich bei der Störungsannahme in tagelangen Warteschlangen mit Dudelmusik hängen. Zwischendurch teilte mir eine Automatenstimme mit, dass ich den Schaden auch per Internet melden kann. Sehr witzig, wenn man nur noch über Nothandy kommunizieren kann.

Schwamm drüber! Denn der Blitz hatte auch etwas Positives bewirkt, indem er mich von der Leistungsfähigkeit der örtlichen Elektrofachbetriebe überzeugte. Die schafften es, alle Schäden umgehend zu beheben. Nun habe ich digitales Fernsehen mit mehr Sendern denn je. Da ich RTLPROSAT aufgrund der pseudowitzigen Shows mit den Dauergästen Hella von Sinnen und Dirk Bach und der dilettantischen, hausgemachten Serien mit einem gefühlten Werbeanteil von 70 % meide wie rohe Innereien bei Tisch, zappte ich mich neugierig durch die Kanäle mit dreistelliger Anwahl.

Donnerwetter! Nicht, dass ich einen dieser Sender unbedingt brauche, aber ich verweile gern ein paar Minuten mit einer Tasse Kaffee beim marokkanischen Kochstudio. Überaus freundliche Damen zaubern dort Leckereien, die den Zuschauer sabbern lassen. Zwei Sender weiter läuft das tunesische Pendant unserer Lindenstraße. Da spielen noch viel mehr Leute mit und ständig fällt jemand in Ohnmacht oder rollt wild mit den Augen. Mein Sohn und ich haben viel Spaß dabei, irgendwie eine Handlung zu erahnen. Bei den Ägyptern verlesen ernste Männer in Maßanzügen und großer Sonnenbrille amtliche Verlautbarungen, während es die Algerier gern mal richtig bunt und schrill mögen und in den Sitcoms viel gelacht wird. Der kubanische Propagandasender bringt heiße lateinamerikanische Livemusik oder Dokumentationen über Fidel Castros Leben in Echtzeit.

Vorsicht bei einem streng religiösen Sender! Da werden endlos unbewegte Heiligenbildchen gezeigt, während eine Horde Unsichtbarer Gebete murmelt. Zwischendurch gibt es dann Programmhöhepunkte wie „Ursachen und Folgen der Verhütungsmentalität", in denen darüber gewettert wird, dass die Antibaby-Pille das Grundwasser verseucht. Würde mich nicht wundern, wenn die Erde als Scheibe dargestellt wird, an deren Rändern Kondombenutzer in den Höllenschlund geschubst werden.

Wenn Sie als Normalsterblicher eines Morgens feststellen, dass dieses Programm auf allen Kanälen läuft, sollten Sie dringend untertauchen, denn dann wird es im wahrsten Sinne des Wortes ernst für alle, die schon mal Sex im Hellen hatten.

Quizsender empfange ich übrigens auch noch. Kennen Sie die tolle Sendung, bei der Sie anrufen sollen, um eine Automarke mit dem Buchstaben A zu nennen? Als ich einschaltete, waren drei der fünfzehn verdeckten Marken bereits erraten: Daimler, Audi und Saab. Da ich wie nahezu alle Jungen in meiner Kindheit den Wohnzimmerteppich zu einem stark frequentierten Parkplatz für Matchbox und Siku-Autos umfunktioniert habe, hielt ich mich für einen Kenner. Prompt fielen mir DAF, BORGWARD oder HANOMAG ein. Auf diese Marken kamen auch manche Anrufer, doch selbst ein Exot wie DE LOREAN war falsch. Jetzt wurde ich hellhörig. Da sich die nervige Geldabzocke wohl noch über Stunden hinzog, nahm ich den Quatsch einfach auf, um mir lediglich den Schluss antun zu müssen. Und siehe da, als ich viel, viel später zur Lösung spulte, hatte man immer noch lediglich Saab, Daimler und Audi lösen können. Keck lüftete die quietschige Laienmoderatorin die verdeckten Automarken in Sekundenschnelle. Gesucht wurden Marquis, Electra Star und eine Kiste die Krimnajakowski oder so ähnlich hieß. Auch die restlichen schienen Dampfwalzen zu sein, die vor 1914 als Prototypen in Transsylvanien oder auf Borneo gebaut worden sind.

War eigentlich klar, oder? Dann ratet mal schön weiter.

Die Stunde der Wahrheit (Hardcore-Version mit Spenderniere)

November 1999

Ich kenne fast alle Hauptstädte der Erde. Ehrlich!

Zum Beispiel die von Madagaskar. Es ist Antananarivo. (Boah!)

Und wie Sie sehen, liegt kein Atlas neben mir. Darin habe ich damals immer in den schnarchlangweiligen Schulstunden geblättert. Deshalb brauche ich auch heute bei der Addition von mehr als zwei Zahlen einen Taschenrechner.

Warum ich hier den Geografiestreber markiere? Na, vielleicht kann ich damit bei SAT1 ein Auto und viel Spielzeug für die Kinder gewinnen. Obwohl das Runterleiern der Hauptstädte von Kiribati oder Nicaragua im Privatfernsehen nicht viel her macht. Schon mal gar nicht in der Show Die Stunde der Wahrheit.

Kennen Sie die?

Genau, das ist die Sendung, wo sehr gern Vatis oder Mamis ausgewählt werden. Die haben dann eine Woche lang Zeit, um etwas Absurdes zu üben. Zum Beispiel, eine Tischdecke unter dem kompletten Menü wegzuziehen, ohne, dass auch nur der Wein überschwappt. Der Ehepartner muss per Videokamera alle misslungenen Versuche filmen. Inklusive der Tränen und Nervenzusammenbrüche. Schließlich wollen wir ja mitfühlen.

In der Show geht es dann ums Ganze. Nur ein Versuch ist möglich! Klappt's nicht, gibt's auch nichts.

Vorher zeigt der Moderator der Familie noch die Preise. Die Kinder werden dann immer ganz furchtbar aufgekratzt. Wenn Papi es anschließend vergeigt, steht er als Versager da. Ätsch! Kein Toyota! Keine Yamaha! Kein superteures Spielzeug!

Das wird ein lustiges Familienleben geben! Den Therapeuten übernimmt hoffentlich die Krankenkasse.

Das Ganze ist aber noch verbesserungswürdig. Seien wir modern!

Die Tochter benötigt dringend eine Spenderniere. Kann sie haben. Aber nur, wenn Papa auf dem Stahlseil über einen tiefen Abgrund balanciert, dessen Boden mit spitzen Felsen bedeckt ist. Schafft er es nicht, gibt es keine Ersatzniere. Dafür ist die Kleine Halbwaise. Widerlich, nicht wahr? Warten wir die Zukunft unserer Medienlandschaft mal ab. In anderen Ländern müssen Hausfrauen vor laufenden Kameras Reiswein saufen. Wer umfällt, hat verloren. Bei uns fraßen Leute schon für Knete aus Hundenäpfen und schleckten Rolltreppen ab. Da geht noch was!

Übrigens, die Hauptstadt von Tonga heißt Nuku'alofa. (Okay, jetzt habe ich gemogelt. Ist abgelesen.)

Mad Max trifft Jesus

Mai 2004

Routinemäßig fallen die Deutschen in Leitartikeln und Talkshows, im Bundestag und am Stammtisch über sich selbst her: Die Deutschen sind faul, zu teuer und verwöhnt ... usw.

Natürlich sind es immer die anderen Deutschen.

Dabei gibt es doch immer wieder Reaktionen in unserem Land, die aufhorchen lassen. Wir haben es uns nicht nur abgewöhnt in andere Länder einzumarschieren, nein, wir lassen uns auch nur bedingt fanatisieren.

Nehmen wir zum Beispiel den Film eines Schauspielers und Regisseurs, der sein Handwerk eher mit der Brechstange betreibt: Die Passion Christi von Mel „Mad Max" Gibson.

Als sein angeblich authentischer Streifen über das Leiden Christi in die US-Kinos kam, sollen Leute vor Erregung den Löffel abgegeben haben, während andere – Holterdipolter! – zu strenggläubigen Bibelfanatikern mutierten. Einstündige Folterszenen, an deren Ende der minderbegabte Jesusdarsteller einem rohen Hacksteak ähnelt, hinterlassen halt einen bleibenden Eindruck.

Der Verkauf höchst merkwürdiger Devotionalien wurde zu einem Bombengeschäft. Die Amerikaner zahlten viele Dollars für nachgemachte Nägel, wie man sie Jesus durch die Gliedmaßen getrieben haben soll.

Und bei uns?

Da wandten sich die Kinogänger kopfschüttelnd von dem Machwerk ab und spazierten lieber in Scharen in einen possierlichen Zeichentrickfilm über Bärenbrüder.

Auch der Einfluss von Menschen, die davon überzeugt sind, über den einzig wahren – zumeist bizarren und zutiefst intoleranten – Glauben zu verfügen, ist bei uns erfrischend gering. Während in den Vereinigten Staaten verblüffend viele aus religiösen Gründen der Meinung sind, dass die Erde der Mittelpunkt des Universums ist und Eva aus Adams Rippe geschnitzt wurde. Somit gelten Leute wie Kopernikus und Charles Darwin als gefährliche Ketzer.

Immerhin gelang es Mel Gibson wohl als erstem Filmemacher, christliche Fundamentalisten und Fans von Gewaltvideos („Voll krass! Das Blut spritzte wie bekloppt!") gemeinsam ins Kino zu locken.

Nun wäre es aber falsch, die USA nur als Hort von Spinnern und Kulturbanausen darzustellen. Nicht ohne Hintergedanken möchte ich Ihnen daher ein Buch empfehlen.

Titel: Eine kurze Geschichte von fast allem. Autor ist der Amerikaner Bill Bryson. In seiner unnachahmlich kurzweiligen und intelligenten Art erklärt er uns die Welt. Wir erfahren, dass berühmte Astronomen auch Angeber sein konnten, die ihre Kollegen in der Kantine mit einarmigen Liegestützen zu beeindrucken versuchten, und dass ein sexbessener Botaniker im 18. Jahrhundert Pflanzen mit Vorliebe nach weiblichen Geschlechtsorganen benannte. (Später musste man das revidieren. Stellen Sie sich nur mal den Biologieunterricht in der fünften Klasse vor!)

Wer es aber damals wagte, den wohl permanent erregten Wissenschaftler zu kritisieren, fand sich als Namensgeber für ein Unkraut wieder.

Der Grund, warum mir diese Aufforderung zum Lesen so wichtig ist?

Bevor ich mich an den Computer setzte, um diese Zeilen zu schreiben, ging ich zu einem neu eröffneten Kiosk in meiner Nähe, um mir eine Zeitung zu kaufen.

Kommentar des Inhabers: „Zeitungen und so was haben wir aus dem Sortiment genommen. Lohnte nicht."

Da mir am frühen Morgen nicht der Sinn nach einem Kräuterlikör und/oder einer Flasche Bier aus dem reichhaltigen Sortiment bestand, musste ich unverrichteter Dinge das Weite suchen.

Würmer statt Sex

Februar 2004

Zum Jahreswechsel wünschte ich Ihnen ein intelligentes 2004. Dass daraus nichts wird, habe ich geahnt. Im Gegenteil: Wir werden das Vorjahresniveau spielend unterbieten.

Während Dialyse-Patienten betteln gehen, sehen über 8 Millionen Menschen dem Costa Cordalis beim Madenfressen zu. Abgewrackte Minimalstars machen sich im Dschungelcamp endgültig zum Trottel.

Da kann man anmerken: Die tun es doch freiwillig. Korrekt. Einem Gottlieb Wendehals kann man nicht mehr helfen. Aber hat ein Daniel Küblböck keine Verwandten oder Freunde? Die müssten ihn doch an die Hand nehmen und sagen: „Lass das mal lieber! Ist nicht gut für die Psyche." Stattdessen wird das Lämmchen zur Schlachtbank getrieben und der Zuschauer grient.

55% der BILD-Leser wollen eine zweite Staffel der Dschungel-Show. Wer hätte das gedacht? Dafür bekamen sie auch schon exklusiv eine Textprobe des Songs zur Show:

Es war einfach supergeil mit Ratten, Spinnen und Hackebeil ...

Jede Nacht packt dich die Angst und du schreist laut AYAYAYA!!!

Noch Fragen? Kann es vielleicht sein, dass die wirtschaftliche und soziale Talfahrt unseres Landes auch etwas mit totaler geistiger Verarmung zu tun hat?

Wie viel Toter bedarf es, damit Vera am Mittag für drei Minuten die Klappe hält?

April 2004

Am 11. März wurden hunderte Unschuldige in Madrid von Bomben getötet oder schwer verletzt.

Am Montag, dem 15. März, sollte Europa Solidarität zeigen und drei Minuten schweigend der Opfer gedenken. Drei Minuten für das Leben, gegen Terror und Gewalt.

Aber können werbefinanzierte Medien Pietät zeigen? Ach was! Die privaten Krawallsender unterließen es erwartungsgemäß und kippten kübelweise den üblichen Schund aus Gerichtsshows, Debilentalk und Handysupersondertarife über uns aus.

Zitat einer Werbung während der Schweigeminuten: „Ganz Deutschland im Sammelfieber! Holen Sie sich die Euromünzen aller Länder!"

Wie viel Toter bedarf es, damit Vera am Mittag für drei Minuten die Klappe hält? 100 000? Wann wird Big Brother ausgeblendet? Bei der Detonation einer Nuklearbombe auf dem Kölner Domplatz?

Nachdenklich zeigen sich hingegen wenige Tage später die Züchter von Kampfhunden. Die legten nämlich gegen das von der Regierung verhängte Importverbot diverser Rassen wie Pitbulls oder Staffordshire Bullterrier beim Bundesverfassungsgericht Beschwerde ein.

Eine Züchterin aus Wanne-Eickel: „Wir sind der einzige Staat, der keine Kampfhunde importieren darf. Das macht nachdenklich."

Herrje!

Ich finde, dass sich hier unser Land mal endlich wieder in Vorreiterposition befindet. Die Richter: „Das Leben von Menschen hat Vorrang."

Jede Spezies auf unserem Planeten – ob Pavian oder

Ochsenfrosch – ist bemüht, den Nachwuchs vor Angreifern zu schützen. Nur wir Menschen erlauben uns die Dummheit, Kampfmaschinen, deren Kieferkraft ausreicht, um Unterarmknochen zu zerraspeln, freiwillig in unsere Innenstädte zu schleifen.

Schlimm, dass trotz Importverbot das generelle Zuchtverbot aufgehoben wurde. Stellt sich die Frage, wer diese Tiere braucht. Denn: Ohne Nachfrage kein Angebot.

Übrigens gab es von Seiten dieser Tierliebhaber das Verlangen, Leinen- und Maulkorbzwang aufzuheben.

Es ist ein Skandal, dass in den Medien Verhaltensmaßregeln wie „das Tier nicht anstarren“ oder „Weglaufen weckt den Beute-Instinkt“ vermittelt werden müssen.

Eindeutig Position beziehen Kinderärzte. Sie fordern ein generelles Zucht- und Kaufverbot. Sie wissen aus Erfahrung, in welchem Zustand Kinder in den OP eingeliefert werden, die mal versehentlich den Beute-Instinkt eines Kampfhundes geweckt haben, während Herrchen die Leine lockerließ.

Brutus ist eigentlich ein ganz Braver. Der will doch nur spielen. Wäre der Junge nicht weggelaufen, hätte er jetzt noch sein Gesicht.

In eigener Sache:

Blitz trifft westfälischen Trottel

Blitz trifft westfälischen Trottel

Juli 2006

Neulich wurde ich vom Blitz getroffen. Ungelogen und auch nicht im übertragenen Sinne. Ich war selbst schuld, weil ich alle das Leben verlängernden Ratschläge, die ich in der Kindheit von meiner Oma mit auf den Weg bekam, sträflich missachtet habe. Während Oma bei Naturgewalten immer einen Fluchtkoffer mit dem Notwendigsten parat hielt und mich unter dem Küchentisch platzierte, spazierte ich bei einem heftigen Gewitter mit aufgespanntem Schirm über das Parkdeck auf einem Kaufhausdach. Ein Blitz nahm die Einladung dankend an. Um mich herum wurde es plötzlich gleißend hell, es zischte und vom Griff des Regenschirms schoss ein mächtiger Funke in meine rechte Hand. Ich verharrte auf der Stelle und dachte für ein, zwei Sekunden darüber nach, dass ich jetzt vermutlich tot sei. Oder doch zumindest irgendwie angeschmort. Dem war aber nicht so. Haben mich der Kunststoffgriff und die Schuhsohlen gerettet? Ist es hilfreich, wenn der Blitz in die rechte Hand, also nicht in die Herzseite einschlägt? Oder war es nur ein nicht so großes „Blitzchen", das mal kurz das Nachdenken über die eigene Vergänglichkeit anregen wollte? Keine Ahnung. Jedenfalls weiß ich, dass trottelige Enkel öfters die Ratschläge ihrer Großmütter beherzigen sollten, auch wenn manches vielleicht im Nachhinein etwas übertrieben scheint. Die Warnung, dass zu viel Eisessen eine „Schlinderbahn" im Bauch entstehen lässt, bereitete mir als Fünfjähriger ziemliche Sorgen und beflügelte die Fantasie.

Nach dem Erlebnis auf dem Parkdeck wollte ich wissen, wie oft Menschen Bekanntschaft mit einem Blitz machen. Seltsam: Wenn man Freunden davon erzählt, kennen die meisten jemanden, der einen kennt, der ebenfalls vom

Blitz getroffen, zumeist allerdings erschlagen wurde. Nach kurzer Recherche stieß ich auf die aktuelle Unfallstatistik des französischen Gesundheitsministeriums. Ich nehme an, dass der Durchschnittsfranzose ebenso leichtfertig mit seinem Leben umgeht wie unsereins. Also: Im vorigen Jahr erlitten laut Bericht 454 Franzosen einen Blitzschlag, nur 15 überlebten. 34 Franzosen kamen bei Vulkanausbrüchen zu Schaden, 887 verletzten sich gröber beim Kontakt mit Meeresgetier, aber nur 5 wurden von Haien verspeist. Einer unserer französischen Nachbarn unterlag im Nahkampf mit einem Alligator.

Klingt, als könnte man diesen Problemen relativ leicht ausweichen. Besteigen Sie keine Berge, aus deren Kuppe es mächtig qualmt und hüpfen Sie nicht kichernd in das Reptilienbecken des nächstgelegenen Zoos.

Am gefährlichsten ist es allerdings immer noch zu Hause. Besonders im Bett. „Brennen oder Schmelzen der Nachtwäsche“ machte bei 22 Franzosen eine stationäre Behandlung erforderlich. 840 verletzten sich bei diversen Turnübungen im Schlafgemach (129 mal Penisbruch), 65 Männer erblindeten nach Einnahme von Viagra (immer nur eine nehmen!). Viele Gegenstände – auch Glühbirnen – mussten aus dafür nur bedingt geeigneten Körperöffnungen wieder entfernt werden. In diesem Zusammenhang scheint auch das Staubsaugen für Männer sehr gefährlich zu sein. 7 meiner Geschlechtsgenossen wurden mitsamt dem Haushaltsgerät ins Krankenhaus eingeliefert.

Jetzt lehnen Sie sich bitte nicht kopfschüttelnd zurück und murmeln: „Typisch, diese Franzosen!“ Ein offenes Gespräch mit einem Mediziner, der am Wochenende in der Notambulanz eines Krankenhauses arbeitet, gibt Ihnen vielfältige Einblicke in die Experimentierfreudigkeit der Deutschen bezüglich ihrer Körper.

Doch kehren wir noch einmal in die eigenen vier Wände

zurück. Dort bilden Fonduetopf, Kaffeemaschine und Sektkorken ein wahres Bermudadreieck der Gefahren. Steigende Tendenz weist eine Unfallart auf, die man in England als Beefburgerverletzungen bezeichnet. Das sind Missgeschicke, die bei Trennen oder Zersägen von gefrorenen Lebensmitteln wie Bratwürstchen oder Kuchen entstehen.

Jedenfalls werde ich nun vorsichtiger durchs Leben wandeln. Zumindest, was das Benutzen eines Regenschirms bei Gewitter betrifft. Dafür werde ich mir vielleicht später im Bett was verrenken. So, jetzt habe ich mich über Glühbirnen in den Hintern unserer Mitmenschen ausgelassen, dabei wollte ich diese Kolumne eigentlich über den Versicherungskonzern Allianz schreiben. Der macht im vergangenen Jahr 4,4 Mrd. Euro Rekordgewinn und entlässt dafür tausende von Angestellten. Aber dieses Thema ist einfach zu eklig.

Als ich mal verstorben war

Dezember 2004

Sie kennen die Parole älterer Mitmenschen – z.B. Eltern, dass früher alles besser war. Das lässt sich in den meisten Fällen widerlegen. Allerdings gab es in den letzten Jahren eine unschöne Entwicklung zum allumfassenden Bescheißen. Unfein, aber dennoch der passende Ausdruck.

Sie schalten den Fernseher ein und – zählen Sie mal die Minuten! – alsbald knallt man Ihnen Werbung für Handytöne um die Ohren (Hol dir den bekloppten Frosch!). Haben Sie schon mal versucht, den Preis für diesen „Service" zu entziffern? Steht unten rechts auf dem Bildschirm. Sie werden es wegen der Größe für Fliegendreck gehalten haben. Ihre Kinder – genau die sind die anvisierte Zielgruppe – können für Piepsmelodien oder synthetische Furzlaute auf ihrem Handy Haus und Hof verlieren. Die Kosten sind immens.

Apropos Telefonieren: Wo ist eigentlich dieses idiotensichere Rädchen geblieben, das sich früher immer auf der Unterseite der Telefonapparate befand. Damit konnte man die Lautstärke des Klingeltons regulieren. Drehte man nach links, wurde er leise. Drehte man nach rechts ... na, Sie wissen schon. Heute finde ich dort eine Reihe von Zahlen und Symbolen, die in irgendeiner Reihenfolge zu drücken sind, um denselben Effekt zu erzielen. Merkwürdiger Fortschritt.

Erinnern Sie sich noch an den Status der Deutschen Bundespost – damals vor zwanzig oder dreißig Jahren. Ein Garant für Solidität. Jetzt rufen einige natürlich: Aber der Service! Eine Katastrophe!

Klar! Ich erinnere mich daran, wie ich Anfang der Achtziger mit schweren Paketen beladen den Versuch startete, um 11.59 Uhr eine Zweigstelle der Post zu betreten. Der

Beamte musterte mich beim Kampf mit Türklinke und Paketen, schaute auf seine Uhr und verriegelte die Glastür vor meiner Nase. Mittagspause! Ich konnte ja in ein paar Stunden wiederkommen oder die Fracht eigenhändig nach Hamburg karren. Es existierte schließlich keine Konkurrenz. Heute gibt es private Botendienste. Leider betreiben manche ihren Job nicht immer mit der notwendigen Sorgfalt. Kürzlich bat mich eine hörbar erregte Stimme auf meinem Anrufbeantworter um Rückmeldung. Als ich dort anrief, erklang ein erleichtertes „Sie leben!"

Was war geschehen? Ein Kulturamt hatte mir per Botendienst Unterlagen zuschicken wollen, die allerdings prompt zurückkamen mit der handschriftlichen Notiz „Empfänger verstorben". Der Absender hatte bedauerlicherweise eine falsche Hausnummer benutzt. Drei Häuser weiter ist vor Monaten tatsächlich jemand verstorben, aber dessen Name hatte mit dem meinigen nicht die geringste Ähnlichkeit. Unserem Postboten wäre solch ein Fehler niemals unterlaufen. Nur gut, dass niemand aus meiner Verwandtschaft auf diese Weise von meinem plötzlichen Ableben erfahren musste.

Doch zurück zum Telefonieren: Kontrollieren Sie Ihre Abrechnungen. Bestehen Sie auf peinlich genaue Auflistung der Anrufe, die Sie getätigt haben sollen. Sonst sorgen windige Mitmenschen dafür, dass Sie für Gespräche zahlen, die Sie angeblich mit Amsterdam oder Mexiko City geführt haben. So geschehen bei einem guten Freund.

Sie sehen, das Telefonieren oder Briefe versenden ist heute nicht mehr ohne Risiko. In jeder nur erdenklichen Nische scheint sich jemand einzunisten, um auf mehr oder weniger legale Weise an ihr Geld zu gelangen. Der Betrug geht einher mit der Menschheitsgeschichte, aber zurzeit hat er Hochsaison. Ein Freund – nicht der mit den Mexiko-Telefonaten – sagt immer, dazu passt auch der so lautstark gepriesene Aktienboom. Läuft am Ende für den Normalsterblichen auch nur auf Beschiss hinaus.

Ob er da wohl Recht hat?

Jetzt muss ich aber Schluss machen. Bei eBay wurde kürzlich eine zehn Jahre alte, angebissene Käsestulle für 28 000 Dollar versteigert. Angeblich sei auf dem Toast das Antlitz der heiligen Jungfrau Maria zu erkennen. Vielleicht kann ich aus der halben Fleischwurst oder den Senfgurken in meinem Kühlschrank auch noch eine religiöse Kuriosität basteln.

Zum halben Preis!
Juni 2002

Kürzlich erhielt ich Post:

Lieber Herr Weber,
eigentlich wollte ich Sie telefonisch über Ihren Gewinn informieren, aber leider konnte ich Sie nicht erreichen. Vielleicht waren Sie ja ein paar Tage verreist, oder haben einfach das Klingeln überhört? Ich wollte ganz sicher gehen, dass Sie diese Nachricht auch erreicht, deshalb habe ich mich gleich hingesetzt, um Ihnen diesen Brief zu schreiben. Und eigentlich ist ein Brief ja auch viel schöner, besonders bei guten Nachrichten, dann kann man die Zeilen immer und immer wieder lesen und sich darüber freuen!
Jetzt aber zum wichtigsten Teil meines Briefes: Es geht nämlich um Ihren Bargeld-Preis, der hier für Sie liegt!!! 5000 € warten nur darauf, angefordert zu werden!

Kirsten B.
PS: Fast hätte ich vergessen; Ihnen zu sagen, dass meine Mutter auch ganz aus der Nähe Ihres Heimatortes stammt, daher habe ich eine ganz persönliche Beziehung zu diesem Ort und freue mich besonders, dass auch einmal ein Gewinn dorthin geht!

Nein, Kirsten, ich war nicht verreist! Und du hast mich auch nicht angerufen. Ich bekomme niemals 5 000 Piepen von dir. Da nützt es auch nichts, wenn ich aus dem beiliegenden Schrottangebot überteuerte Thermoskannen oder das 72teilige Schreibset „Classico“ bestelle. (6 Stifte plus 66 Ersatzminen. „Damit Schreiben zum Erlebnis wird!“)
Der halbwegs kluge Mensch wirft solche verlogenen Angebote trotz Kirstens Gesülze in den Papierkorb. Aber die dubiose Versandfirma mit Sitz im Ausland setzt wenig später einen drauf:

Lieber Herr Weber,
meine Kollegin Kirstin B. ist seit 2 Wochen im Mutterschutz und freut sich auf die Geburt eines strammen Jungen ...
Daher hat mich Frau B. gebeten, alle noch offenen Vorgänge für sie zu erledigen, denn Sie sollen ja nicht auf Ihren Gewinn warten, bis Frau B. wieder als glückliche Mutter an ihren Schreibtisch zurückkehrt.
Für Sie geht es nämlich um folgendes: Frau B. hat Sie noch darüber informiert, dass Sie zu dem kleinen Kreis ausgewählter Kunden gehören, die es in die engere Wahl für die 10.000 €-Vergabe geschafft haben.
(Boah! Glatt verdoppelt!)
Frau B. hat übrigens in Ihren Unterlagen vermerkt, dass Sie gute und preiswerte Qualitätsprodukte zu schätzen wissen. Daher habe ich mir erlaubt; Ihnen heute ein ganz besonderes Angebot mit beizulegen: Die Bettwäschegarnitur „Blütentraum" zum absolut sensationellen Preis...
Herzliche Grüße, Ihre Svenja von E.
Der Sohn von Frau B. soll übrigens Lukas heißen! Wenn er nach der Mutter kommt, wird er sicher ein hübscher Blondschopf mit großen blauen Augen!

Schluss! Aus! Vorbei! Polizei! In der Schwindelfirma ist niemand schwanger und ich will auch nicht den BMW, den ich wenig später angeblich gewann. Dafür kaufe ich denen auch keine goldene Klobürste mit Schwanenhals ab. Es ist schlichtweg zum Kotzen, wie skrupellose Geschäftemacher versuchen, ihren Mitbürgern das Geld aus der Tasche zu ziehen. In der Regel erhalten ältere Menschen diese Gewinnankündigungen mit Bestellformular.

Auf ein Einklagen der Gewinne sollten Sie es nur mit einer guten Rechtsschutzversicherung ankommen lassen. Ansonsten geben Sie den Müll umgehend an die Verbraucherzentralen weiter.

Mir ist schleierhaft, wieso solchen kriminellen Machenschaften im Zuge der europäischen Vereinigung nicht das Handwerk gelegt werden kann. Das Gefühl, straffrei verarscht zu werden, tut nicht gut.

Für wie blöd hält man uns eigentlich?

März 2008

Kennen Sie diese Tage, an denen man sich vorkommt wie ein Trottel? Sie schlagen am Morgen die Zeitung auf und lesen, wie Spitzenmanager, deren Eurojahresgehälter in Meilen umgewandelt ungefähr der Strecke Erde – Jupiter entsprechen, ihre Knete am Finanzamt vorbei nach Liechtenstein auslagern, während Sie ein ernsthaftes Problem mit explodierenden Kosten in allen Bereichen haben und mittlerweile nur noch das Wohnzimmer heizen. Angewidert beißen Sie in Ihr Brötchen, da klingelt auch schon das Telefon. Ein schleimiger Geselle will Ihnen irgendeinen undurchschaubaren Handytarif aufschwatzen oder eine Computerstimme schnarrt aus dem Hörer: „Sie haben bei unserem Preisausschreiben gewonnen! Wenn Sie Ihren Gewinn abrufen wollen, drücken Sie auf Ihrer Tastatur die 1!"

Natürlich haben Sie an keinem obskuren Preisausschreiben teilgenommen.

Man hat das Gefühl, überall und jederzeit regelrecht verarscht zu werden. Alle wollen an das sauer verdiente Geld. Nein, liebe Post, wenn ich eine Briefmarke kaufe, möchte ich dabei nicht über das brandneue Lotto-Abo informiert werden. Ich wünsche auch nicht im Eingangsbereich des Supermarkts von Automobilclubs, noch „billigeren" Handytarif-Anbietern oder einer „Beinahe umsonst-Fluglinie" angequatscht zu werden. Ich wollte doch nur Obst und Nudeln kaufen. Wenn ich dann zu meinem Auto zurückkehre, steckt eine in Plastik eingeschweißte Karte an meiner Seitenscheibe, die mir mitteilt, dass für meine Karre „Bargeld sofort!" lacht.

Doch das dickste Ding lauert dann im Computer. Beim Abrufen der E-Mails.

Hier ein Original (inklusive Grammatikfehler):

Hallo,
ich hoffe du kennst mich noch? Ich hab deine Mail Adresse von einen alten Freund von uns bekommen. Und hab gedacht ich schreib dir einfach mal. Hab echt lange nichts mehr von dir gehört. Wo wohnst du eigentlich? Und was machst du so?
Ich habe mich im Spiele Chat, vom Schulfreunde Casino, eingetragen. Mir gefällt die Idee, und ich will Dich auch dafür begeistern, mitzumachen.
Fast alle unsere alten Klassenkameraden und Freunde sind schon dabei. Sogar zwei Lehrer von uns.
Vielleicht hast du ja Lust mitzumachen? Ich habe letzte Woche 12.134 Euro beim Poker und Roulette gewonnen.
Ich hab dich einfach mal dort angemeldet mit folgenden Benutzer Namen:
Benutzer Name: Tike
Passwort: Ich habe deine Email Adresse als Passwort angegeben. Kannst du ja ändern :-)
Auf deinen Konto habe ich von meinen Gewinn mal 100 Euro überwiesen. Somit kannst du mal die Sache mit meinen Geld kostenlos Testen.
Dein Gutschein Code ist: E1009881
Vielleicht hast du ja Lust zusammen mit mir oder unseren Freunden zu Pokern?
Oder wir treffen uns ja beim Roulette? Ich würde mich echt freuen mit dir zu chatten und zu Pokern.
Du musst natürlich nicht spielen. Wir können ja auch nur chatten. Oder wir telefonieren einfach mal :-)

Dein alter Schul Freund Markus ;-)

Das ist schlichtweg eine Beleidigung meiner Intelligenz! Und meiner Lehrer. Keiner von denen wäre selbst im mittlerweile hohen Alter so beschränkt, auf diese Abzocke hereinzufallen. Nein, ich kenne keinen derartigen „Klassenkameraden“ Markus. Und der hat auch keine 12 134 € beim Online-Pokern gewonnen.

Es widert einen an. Tag für Tag.

Schützt die Schwachen!

November 2007

Vor wenigen Tagen wurde in Köln ein Mann wegen des sexuellen Missbrauchs eines Zehnjährigen verhaftet. Der Täter war bereits im Jahr 2000 in Berlin zu sieben Jahren Gefängnis verurteilt worden, weil er damals einen achtjährigen Jungen missbraucht hatte. Ein Komplize erwürgte das Kind und entsorgte es dann auf einer Müllkippe.

Aus der Haft heraus verhöhnte und bedrohte der Kölner Wiederholungstäter in Briefen die Mutter des Achtjährigen. Die Anklagebehörde stellte daher einen Antrag auf Haftverlängerung. Doch der Mann wurde in zwei medizinischen Gutachten als ungefährlich eingestuft. Er sei keine Gefahr mehr für die Allgemeinheit.

Der Zehnjährige hatte noch Glück, mit dem Leben davongekommen zu sein, die Schäden an seiner jungen Psyche sind jedoch unermesslich.

Immer wieder belegen von Wiederholungstätern missbrauchte und ermordete Kinder die Lücken in unserer Justiz. Zwar werden nach jeder Leiche härtere Maßnahmen angekündigt – Altbundeskanzler Schröder: „Die gehören weggesperrt!" – getan hat sich aber nichts. Stattdessen versucht man die Täter zu therapieren. Noch einmal deutlich: Wir reden hier nicht von bemitleidenswerten Alkoholkranken oder Kleptomanen, sondern von Individuen, die sich an Kindern vergehen. Zum wiederholten Male.

Anfang des Jahres wurde der kleine Mitja ermordet. Bei dem vorbestraften Sexualstraftäter war die sogenannte Führungsaufsicht in Freiheit nach – wie gesetzlich vorgesehen – fünf Jahren abgelaufen. Ein Fall von zu vielen.

Unter dem Eindruck des Verbrechens in Köln will die Landesregierung Haftlockerungen im Zweifelsfall bei

Gewalt- und Sexualverbrechen künftig dreifach prüfen. Ich tendiere allerdings angesichts der zahllosen fehlerhaften Gutachten und aufgrund der Findigkeit der Täter dazu, dass auch zehnfaches Überprüfen kein Garant für die Harmlosigkeit des Entlassenen ist.

Wer sich an Kindern vergeht, hat seinen Platz in unserer Gesellschaft verwirkt. Zum Schutz der hilflosen Opfer kann es nur eine Konsequenz geben: Sicherheitsverwahrung.

Der Kriminalist Peter Banks beschrieb die Sachlage so: „Man wacht nicht einfach am Morgen auf und beschließt, ein Kind zu ermorden. Kinderschänder betrachten die Dinge von einer anderen Warte. Uns erscheint ihr Verhalten irrational, für sie ist es normal."

Als Autor von Krimis begegnete ich bei der Recherche in Haftanstalten erst kürzlich einem Mann, der insgesamt vier Frauen ermordet hat. Für die ersten zwei Opfer saß er brav seine Haftzeit ab, um dann wieder in Freiheit seine Taten detailgetreu zu wiederholen.

Wir können nicht akzeptieren, dass sich menschliche Zeitbomben wieder mitten unter uns bewegen dürfen. Das erfordert keinen Polizeistaat, keinen Abbau demokratischer Rechte, sondern nur die Erkenntnis, dass wir Pädophile, Sexualstraftäter und Gewaltverbrecher dauerhaft von der Außenwelt isolieren müssen.

Die Kinderfreundlichkeit einer Gesellschaft misst man auch daran, was sie zum Schutz der Kinder unternimmt. Und jeder von uns muss sich verantwortlich fühlen. Es sollte eine Selbstverständlichkeit sein, darauf zu achten, dass Kinder nicht in Gefahr geraten. Egal, ob es die eigenen sind oder nicht. Halten wir die Augen offen.

Von explodierenden Elefanten und tödlichen Bohnen

November 2006

Das Schreiben von Kolumnen bereitet durchaus Freude und wirkt befreiend. Man kann auf jene eindreschen, von denen man annimmt, dass sie es verdienen, wie etwa Spitzenmanager mit Millionengehältern oder religiöse Fanatiker. Aber richtig abenteuerlich gestalten sich das Verfassen von Krimis und die damit verbundene Recherche. Neulich wurde ich zu einer Lesung in einer geschlossenen Forensik eingeladen. Es hörte sich für mich sehr interessant an, auf jene zu treffen, über die ich sonst des Öfteren schreibe: psychisch kranke Straftäter. Die meisten von ihnen machten einen völlig normalen Eindruck, einen Einblick in ihre Freizeitgestaltung erhielt ich durch das Gespräch mit einer Mitarbeiterin der Forensik. Ich fragte sie, ob ihr nicht bisweilen etwas „unwohl" unter all den Mördern sei. Sie verneinte zuerst, erinnerte sich aber dann an ein von den Insassen selbst erdachtes, inszeniertes und aufgeführtes Theaterstück.

Inhalt: Ein Reisebus fährt in den Wald und verunglückt. Alle Insassen sind entweder tot oder schwer verletzt, dann kommen die wilden Tiere und fressen alle auf. Das Ganze war von den Strafgefangenen so realistisch dargestellt, dass einem angst und bange wurde.

Das glaubte ich nur allzu gern. Nach meiner Lesung kam einer der Inhaftierten zu mir und teilte mit, dass er einen autobiografischen Roman verfasst hat, den er mir zukommen lassen möchte. Titel: Mein Kampf. Trotz seiner eindringlichen Bitte hatte ich keine Lust, ihm meine Adresse zu geben. Man weiß ja nie. Eines Nachts klopft es am Schlafzimmerfenster und eine Stimme raunt: Wie finden Sie meinen Roman, Herr Weber? Ich hoffe doch ganz hervorragend!

Verlassen wir die Forensik und widmen wir uns einem Thema, auf das ich ebenfalls während meiner Recherche für Kriminalromane stieß: merkwürdige Todesarten. Vier davon möchte ich Ihnen vorstellen. Alles soll sich tatsächlich so zugetragen haben. Zum Glück war ich aber nicht dabei.

Der Amerikaner Ken Barger erschoss sich versehentlich, als er vom Telefon geweckt wurde. Anstelle des Hörers hielt er sich seine auf dem Nachttisch liegende Knarre ans Ohr, aus der sich ein Schuss löste.

Ein polnischer Wilddieb setzte zuerst einen Fischteich unter Strom und verspürte sodann den Drang zum Wasserlassen. Man fand ihn tot neben seinem Bruder dümpelnd, der offenbar in den elektrisierten Teich gelaufen war, um ihn zu retten.

Tod durch Abwind! Ein Ballaststoff-Fundamentalist im Sinai produzierte aufgrund einer Dauer-Diät aus Bohnen, Zwiebeln und Kraut derart viel Darmgas, dass der Sauerstoffgehalt in seinem geschlossenen Schlafzimmer unter die Lebensgrenze sank. Drei Mitgliedern der Rettungsmannschaft wurde wegen des infernalischen Gestanks kotzübel. Einer musste sogar ins Krankenhaus gebracht werden.

Da der Elefantenbulle Stefan unter heftiger Verstopfung litt, erhielt er von seinem Tierpfleger 22 Dosen Abführmittel. Als es endlich in Stefans Darm flutschte, traf das Ergebnis den Wärter mit voller Wucht. Er fiel hin und erstickte unter der Last.

Ich könnte stundenlang so weiter plaudern, aber ich denke, jetzt reicht es.

Vorsicht Spießer oder als ich ein Apache war

Mai 2008

Vor einiger Zeit war ein guter Freund bei mir zu Gast und zog ein beinahe vergessenes Buch aus meinem Regal. Plötzlich segelte ein Schwarz-Weiß -Foto zu Boden. Es musste Jahrzehnte zwischen den Seiten des Romans verbracht haben. Mein Freund hob es auf und betrachtete es verwundert.

„Wer ist denn dieses hässliche Mädchen?", fragte er und reichte mir das Relikt aus vergangenen Zeiten. Die jugendliche Person auf dem Foto trug eine Jeansjacke, hatte eine zu große Nase und die mehr als schulterlangen Haare erinnerten an jene schwarzen Perücken, die man zur Karnevalszeit kaufen kann, um sich wahlweise als Winnetou oder Squaw zu verkleiden. Ich brauchte einen Augenblick, um die durch die eingetretene Pubertät leicht entstellte Person – in diesem Lebensabschnitt wachsen häufig diverse Körperteile wie Arme, Beine oder auch Nasen beschleunigt im Vergleich zum Rest des Körpers – zu identifizieren. Den Ausschlag gab das Goldkettchen mit dem kreisrunden Sternzeichenanhänger.

Widder! Schock! Die grinsende Rübennase mit der Apachenfrisur war ich. Ungefähr im Alter von vierzehn, fünfzehn Jahren. Doch anstatt in schallendes Gelächter auszubrechen, nickte mein Freund nur wissend und meinte: „So ähnlich sah ich auch mal aus."

Tja, die frühen Siebziger! Eine wilde Zeit. Anfangs standen wir Jungen auch auf Bands wie Sweet, doch binnen kürzester Zeit wandten wir uns Deep Purple und Led Zeppelin zu. Natürlich musste man aber noch so tun, als würde man Sweet oder ein Weichei wie David Cassidy halbwegs gut finden, denn sonst konnte es passieren, dass sich die Mädchen bei unverhohlener Kritik an ihren

Idolen brüskiert von uns verabschiedeten.

Daran zerbrachen erste Beziehungen. War aber halb so schlimm. Hauptsache die Frisur stimmte. Unter schulterlang ging da gar nichts. Ich erinnerte mich angesichts des schonungslosen Jugendfotos wieder an die Kämpfe mit den Eltern. Regelmäßig wurde unsereins mit wüsten Drohungen zum Friseur geschickt. Natürlich ließen wir uns meistens nur die Spitzen schneiden und sahen anschließend völlig unverändert aus. Als ich diesen, zugegeben billigen Trick wieder einmal ausprobierte und mit einer um Millimeter gekürzten Mähne nach Hause kam, erkannte meine Oma, dass ich angesichts der aufgeheizten Stimmung (Kurz nach dem Elternsprechtag!) so nicht durch die elterliche Kontrollinstanz gelangen würde.

Da sie aber in ihrer Weisheit immer Verständnis für mein jugendliches Anderssein aufbrachte, kam sie auf die Idee, meine Haare über Nacht in Lockenwickler zu drehen. Am nächsten Morgen war meine Frisur explodiert. Sie legte ein ungeahntes Volumen an den Tag. Die Haare hingen aber eben nicht mehr lang über die Schultern, sondern breiteten sich, der Erdanziehungskraft spottend, in einem Lockenwust nach allen Seiten aus. Ich lief Gefahr, nicht mehr durch jede Tür zu passen. Der Familienvorstand am Frühstückstisch war restlos irritiert und ich hatte wieder etwas Zeit gewonnen. In der Schule schlug mir nicht Häme, sondern Bewunderung angesichts solchen Einfallsreichtums entgegen. Stolz trug ich die Haarbürste mit dem gelben Plastikgriff in der Brusttasche meiner Jeansjacke. Darauf vorbereitet, jedem Luftzug, der dem Sitz der Lockenpracht schaden konnte, Paroli zu bieten. Ich kam mir ein wenig wie der Led Zeppelin-Sänger Robert Plant vor. Dazu passte auch meine metallicblaue Glitzerhose, die so eng war, dass ich mich kaum setzen konnte. Ja, ich war beinahe ein wilder Rocksänger mit engelsgleicher Lockenpracht. Nur die Nase war noch überproportional und die Locken verflüchtigten sich leider binnen Stunden.

Das alte Foto mit der Apachenfrisur habe ich mir ins Arbeitszimmer gehängt. Nicht nur als wehmütige Erinnerung an die triebhafte Jugend, sondern als Aufruf an die eigene Toleranz. Immer, wenn der Spießer in mir erwacht und ich mich innerlich über Optik, Sprache und Gestik von Teilen der aktuellen Jugend aufrege, rufe ich mir mein Foto in Erinnerung. Mancher Jungspund aus der westfälischen Provinz bewegt sich zwar wie ein Gangsta-Rapper aus der Bronx, imitiert, was ihm VIVA vorgaukelt und hat selbst im Hochsommer die Kapuze über die Schirmkappe gezogen, aber wir waren ja auch nicht anders. Nur unsere Hosen kniffen mehr im Schritt. Allerdings... so was wie ein „Smoke on the water" können die in fünfunddreißig Jahren nicht grölen.

Unna – eine westfälische Kleinstadt im Spätsommer 1975: Ein verlassener Bauernhof, der Inhalt eines vergessenen Kühlschranks und der verbotene Keller.

Fünf Jungen erleben einen Albtraum aus Gewalt und Erpressung, in dem Lüge und Wahrheit miteinander verschmelzen. Sie wollen dem Schwächsten ihrer Clique helfen und schmieden einen riskanten Plan. Er beginnt wie ein schlecht durchdachter Jugendstreich und endet mit der ersten Leiche.

20 Jahre später holt sie die Vergangenheit ein.
Ein Roman über mysteriöse Todesfälle, langjährige Freundschaften und den Glauben an die Unsterblichkeit...

ISBN 3-9809261-0-9
verlag im bücherzentrum
10,- € [D]

Unna – eine westfälische Kleinstadt am Rande des Ruhrgebiets im Herbst 1978: Am Ufer der Ruhr brennt eine Leiche und ein Mann sieht seine Stadt aus einer ungeahnten Perspektive. Wir waren fünf. Vier Freunde und Udo. Er war älter und glaubte, clever zu sein.

Ein Roman über einflussreiche Lokalpolitiker, erste Drogen, einen Benzinkanister und das Ende unserer Jugend. Wir mussten erkennen, wozu wir fähig waren.

ISBN 3-9809261-1-7
verlag im bücherzentrum
10,- € [D]

„Schnörkellos und in klaren Bildern ... mühelos und elegant.“

HELLWEGER ANZEIGER